RAPPORTS

SUR LE

COMMERCE DES ÉTATS-UNIS

ADRESSÉS

A M. le Président de la Compagnie gén^le Transatlantique

PAR

EUGÈNE DE BOCANDÉ

Ingénieur des Arts et Manufactures
Inspecteur de la Compagnie générale Transatlantique

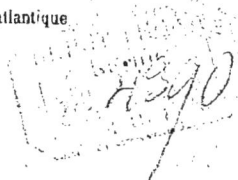

Mars-Octobre 1879

PARIS

IMPRIMERIE J. CUSSET ET Cᵒ, RUE MONTMARTRE, 123

1880

RAPPORTS

SUR LE

COMMERCE DES ETATS-UNIS

RAPPORT N° 1

New-York. — L'Émigration européenne aux États-Unis

New-York. — Mars 1879.

Je ne connais que deux pays, dans toute l'Amérique du Nord, qui offrent au voyageur un aussi beau point de vue que celui de la baie de „New-York" et de l'embouchure de l'Hudson : la Californie, avec San Francisco et son admirable baie entourée de hautes montagnes, et le Canada, avec Québec perché comme un nid d'aigle sur un rocher élevé, au confluent de la rivière Saint-Charles et du fleuve Saint-Laurent.

Lorsque le paquebot transatlantique pénètre dans l'Hudson, le passager curieux aperçoit bien vite une vaste tour ronde située à l'extrémité de la presqu'île sur laquelle est bâti New-York, devant l'endroit où la rivière de l'Est se jette dans l'Hudson.

Cette tour est le point de débarquement où viennent prendre pied en Amérique tous les émigrants que l'Europe laisse partir chaque année. C'est là qu'autrefois est arrivé maint émigrant, devenu aujourd'hui un riche citoyen des Etats-Unis, qui, alors, avec un modeste pécule en poche, venait chercher fortune sur la fertile terre américaine.

Arrivée à New-York.

Castle-Garden. „ Castle Garden ” est le nom de l'établissement où sont reçus les émigrants de tous âges, de toutes nationalités ; ils y trouvent, outre un personnel spécial chargé de l'accomplissement des formalités obligatoires, inscriptions statistiques, etc., tout un monde d'agents des Compagnies de chemins de fer, qui luttent d'activité pour attirer les émigrants sur les lignes qu'ils représentent, et pour leur vendre les terres que le gouvernement américain a cédées à leur Compagnie. La concurrence est grande, et le brave émigrant, souvent parti sans idée bien nette de ce qu'il fera une fois „ là-bas ”, est accablé d'offres les plus tentantes, chaque agent exaltant les qualités et les richesses de l'Etat dont il plaide la cause.

Débarquement des émigrants. Le débarquement des émigrants à New-York est une scène que la „ Cité impériale ” peut seule offrir. A chaque arrivée de paquebots transatlantiques, des centaines d'individus, hommes, femmes, enfants, sont mis à terre au „ Castle Garden ” et bientôt se répandent dans les rues, les hommes chargés de malles, de colis, les femmes portant leurs enfants dans les bras, tous regardant avec de grands yeux étonnés la nouvelle ville. En général, ils séjournent peu à New-York et s'en vont dans les Etats de l'Ouest. Pour donner une idée de l'importance de cette émigration, j'ai groupé les quelques renseignements qui suivent, en les appuyant sur des chiffres officiels publiés à Washington.

Le premier fait important à signaler est, qu'en quatre-vingt-dix années, il est venu dix millions d'individus européens aux Etats-Unis, et cependant le mouvement d'émigration s'accroît encore : l'Allemagne, depuis la guerre de 1870, a atteint et surpassé l'Irlande, et c'est aujourd'hui le pays qui envoie le plus d'émigrants ; pour les trois premiers mois de l'année 1879, il est arrivé en Amérique deux fois plus d'Allemands que d'Irlandais.

Les Irlandais, les Anglais émigrent beaucoup ; l'Italie et la Suisse sont largement représentées ; puis la Russie, l'Ecosse, la France, etc.

„ Human Mississipi. ” Ce mouvement d'émigration est un fait unique dans l'histoire

371. émigrants

du monde, et ce flot humain qui se jette sur les États-Unis est appelé par les Américains : le « Human Mississipi ».

Au point de vue historique, le mouvement d'émigration a subi plusieurs phases intéressantes à étudier.

Jusqu'en 1820, on ne tenait aucune statistique.

On estime cependant que, de 1776 à 1819, il est venu 250,000 étrangers. Dans cette période, certains événements politiques, la guerre entre la France et l'Angleterre, et surtout la guerre entre l'Angleterre et les États-Unis, ont ralenti le mouvement.

La première année remarquable fut 1817, pendant laquelle 22,240 étrangers débarquèrent sur le sol américain. Puis, peu à peu, le courant des émigrants grossit, et le mouvement d'émigration prit des proportions inouïes. J'ai construit une courbe représentant, année par année, de 1820 à 1877, les arrivées aux États-Unis, et j'ai mis les chiffres correspondants sur chaque ordonnée verticale.

D'un coup d'œil, le lecteur pourra y voir les variations du mouvement dues à différents faits parmi lesquels je note :

```
1832.... Le choléra en Europe ;
1847.... Révolutions politiques ;
1849-50. Famine en Irlande.
1854.... Grande arrivée d'Allemands ;
1861.... Guerre de sécession.
```

Le point de débarquement pour les émigrants a été de tout temps et est encore New-York. Ainsi, de 1848 à 1877, sur 8,094,160 individus débarqués aux États-Unis, 5,516,746 sont arrivés à New-York, au « Castle Garden », malgré les efforts de Boston, Philadelphie et Baltimore. Proportion, 70 0/0.

Du 5 mai 1847 au 31 mars 1879, New-York a reçu 5,732,183 émigrants, environ le double de la population des États-Unis, à la fin de la guerre d'Indépendance ! Sur ce nombre, on compte :

Allemands	2.165.332	Italiens	50.581
Irlandais	2.020.071	Norvégiens	49.097
Anglais	742.271	Hollandais	40.103
Écossais	161.537	Danois	36.993
Suédois	124.703	Russes	28.086
Français	110.853	Belges	10.476
Suisses	85.946	Espagnols	8.952

L'Allemagne et l'Irlande, deux pays de langues et mœurs différentes, ont donc fourni les quatre cinquièmes des émigrants ; le premier 35.28 0/0, et le second 37.96 0/0. Total 73.24 0/0. La France n'a donné que 1.93 0/0.

Répartition des émigrants dans les États-Unis.
Où vont ces émigrants, une fois débarqués ? Ce qui frappe, tout d'abord, c'est que jusqu'à présent ils ont évité les Etats du Sud.

Ainsi, en 1878, pour citer une année récente, sur 80,000 émigrants débarqués à „ Castle Garden " :

30.586 sont restés dans l'Etat de New-York, soit............	38.33 0/0
4.921 sont allés dans les possessions anglaises, soit.........	6.17 —
8.370 — — Etats de New-Jersey, Pensylvania, Maryland, Delaware et district de Columbia........	10.61 —
18.289 sont allés dans les Etats de l'Ohio, Indiana, Illinois, Michigan, Wisconsin, Minnesota.................	22.92 —
8.506 sont allés dans les Etats de Missouri, Kansas, Iowa et Nebraska.......................................	10.66 —
1.940 sont allés dans l'Etat de l'Utah (Mormons)...........	2.43 —
4.424 — les Etats du Pacifique................	5.54 —
1.646 — les Etats du Sud...................	2.07 —
1.119 — les Etats du Canada, Mexico, etc.......	1.27 —
79.801 émigrants.....................................	100.»» 0/0

Le dernier recensement de la population donne un total de 5,567,229 individus de naissance étrangère, habitant les États-Unis. Ce qui fait 14 0/0 de toute la population.

L'Etat de Nevada possède le plus d'étrangers..	48 »/» 0/0 de la populat.
Puis vient la Californie.....................	42 »/» — —
— Minnesota......................	37 »/» — —
— Wisconsin.....................	35 »/» — —
— New-York et Rhode-Island......	26 »/» — —
Au contraire, dans les Etats du Sud, l'Alabama a moins de................................	2 »/» — —
L'Arkansas a moins de.....................	1 1/2 — —
La Géorgie —	1 3/4 — —
La Caroline du Sud a moins de...............	3 »/» — —
Le Mississipi —	3 »/» — —
Le Tennessee —	2 »/» — —

Les émigrants évitent les Etats du Sud.
Les Américains des États du Nord notent avec soin ce fait, que les émigrants ne vont pas dans les États du Sud. Ils pensent que les étrangers, effrayés par un lointain souvenir, évitent les pays où autrefois était établi l'esclavage. Sans voir si loin, la cause de ce fait n'est-elle pas simplement le manque de communications régulières bien établies entre l'Europe et les Etats

du Sud? Les Compagnies maritimes n'ont rien fait pour y attirer les émigrants. Tandis que les quatre grands ports américains de l'Atlantique, New-York, Philadelphie, Baltimore et
Boston, ont des lignes de paquebots fonctionnant régulièrement,
des agences d'émigration puissantes, dans le Sud, il n'y a rien ;
les ressources du sol n'y sont pas développées vu le manque de
bras ; et pourtant que de richesses naturelles à exploiter ! Sans
parler de la partie sud de la magnifique vallée du Mississipi, je
ne peux mieux citer que la „ Louisiane et le Texas ". Ce
dernier État, à lui seul aussi grand que la France, est celui qui
produit les bestiaux que l'on envoie dans les prairies de l'Ouest
pour l'engraissement. L'émigration y a commencé et prendra
des proportions formidables dans un État qui demande chaque
année un million d'hommes, pendant vingt ans. De même pour
la Louisiane, où vient de s'organiser une Société pour favoriser
l'émigration, la „ Mississipi Valley Immigration Company ".

Nécessité
de les y attirer.

Outre leurs bras et leur intelligence, les émigrants ont apporté et apportent aux États-Unis de fortes sommes d'argent. Le
superindant du „ Castle Garden ", M. Kennedy, estime que
chaque individu apporte avec lui d. 68 (1) ; avec ce chiffre, le cal-
cul donne, pour la période du 5 mai 1847 au 1er avril 1879,
d. 389,788,444. Le chiffre d. 68 a été reconnu trop faible ; en
prenant d. 100, qui est plus exact, on trouve que l'énorme
somme de près de d. 1,000,000,000 est entrée aux États-Unis
avec le flot des émigrants !

Importance
de l'émigration
au point de vue
des capitaux
apportés
par les émigrants.

---

(1) *Dans ces rapports, le signe* d. *veut dire dollar et le signe* c. *veut
dire cent.*

RAPPORT N° 2

Baltimore (MARYLAND). — Richmond (VIRGINIE). Charleston (CAROLINE DU SUD). — Savannah (GÉORGIE)

Avril 1879.

I. — Baltimore

Situation géographique.

Baltimore, un des quatre grands ports américains de l'Atlantique, est situé sur la branche nord de la rivière « Patapsco », à 14 milles de son entrée dans la baie de « Chesapeake », et à environ 200 milles de l'Atlantique. Cette ville est la capitale de l'État du « Maryland »; son port, vaste et sûr, se compose : 1° d'un bassin intérieur, où des navires d'un assez fort tonnage peuvent entrer; 2° d'un port extérieur, sorte de rade où les plus grands navires ont accès.

Chemins de fer.

Deux grandes voies ferrées relient la ville au nord et au nord-ouest des États-Unis, la « Baltimore and Ohio Railroad Cº »; et la « Northern Central Railroad Cº ». Les grandes Compagnies maritimes sont :

Lignes transatlantiques.

L' « Allan Line », allant de Baltimore à Liverpool, avec escale à Halifax, à l'aller et au retour ;

Le « North German Lloyd », entre Baltimore et Brême, et prenant du fret pour Londres, Leith, Hull, Hambourg, Anvers;

Et le « West India and Pacific Steamship Cº » sur Liverpool directement.

Industrie.

Au point de vue industriel, Baltimore est la ville où se traitent presque tous les riches minerais de cuivre extraits du lac Supérieur. On fournit environ 4,000 tonnes de cuivre raffiné par an.

Les usines sont à « Canton », et emploient jusqu'à 1,000 ouvriers.

Baltimore possède des forges, moulins, ateliers de construction de locomotives, fabriques de clous, presses à coton, tanneries préparant jusqu'à 500,000 peaux par an, enfin cinq élevateurs, grands bâtiments où s'emmagasinent les céréales, et dont la capacité totale est de 3,350,000 boisseaux.

Deux de ces élévateurs appartiennent à la « Baltimore and Ohio RR. C° »; les trois autres à une Société, dite la « Baltimore Elevator C° ».

Les affaires commerciales de l'année 1878 ont été très belles ; la valeur totale des importations étant de d. 15,854,166 (chiffre indiquant une diminution de près de d. 7,000,000 sur les importations de l'année 1877), et la valeur des exportations atteignant d. 55,256,226, ce qui donne une augmentation de d. 15,200,000 sur celles de l'année 1877.

Voici, d'ailleurs, un tableau comparé pour les trois dernières années :

Commerce 1878.

I — VILLE DE BALTIMORE

	IMPORTATIONS	EXPORTATIONS
1876	d. 17.902.695	41.260.932
1877	22.821.229	40.044.498
1878	15.854.166	55.256.226

Je passe à l'étude des principaux produits qui sont l'objet du commerce de Baltimore : grains, tabac, coton, pétrole, lard, beurre et fromages.

1° Grains

Baltimore a reçu de l'intérieur 41,035.905 boisseaux de grains de toutes sortes, dont :

En blé........	22.017.120	boiss. contre	7.331.540	en 1877
En maïs......	17.907.108	—	21.142.199	—
En seigle.....	59.631	—		
En avoine....	1.052.046	—		
Total (1878)..	41.035.905			

ANNÉES	BLÉ	MAÏS	TOTAL
1876......	1.659.861	20.953.724	22.613.585 boiss.
1877......	4.514.784	19.353.047	23.867.828 —
1878......	19.610.791	16.953.458	36.564.249 —

Ces chiffres prouvent la grande extension donnée au commerce des grains, et surtout à celui du blé, qui devient un produit plus important que le maïs.

Voici enfin le détail des exportations en pays étrangers pour 1878 :

	BLÉ	MAÏS	TOTAL
L'Angleterre a reçu....	11.371.612	16.288.291	27.559.903 boiss.
La France —	6.970.445	149.761	7.120.206 —
L'Allemagne —	68.060	238.896	306.596 —
La Belgique —	980.038	52.068	1.032.106 —
Le Portugal —	211.081	19.009	230.090 —
L'Espagne —	9.555	64.643	74.198 —
Le Danemark —	"	72.960	72.960 —

2° Farines

La ville en a reçu..........	1.594.113 barils, contre	1.302.709 en 1877
La ville en a exporté.......	590.150	—	369.519 —

Les exportations se sont faites comme suit :

	1878	1877
Pour l'Angleterre.................	100.353	39.158
— Brême......................	1.118	58
— La Hollande.................	200	53
— La France.................	"	"
— Le Brésil..................	363.796	255.310
— Les Antilles................	115.070	72.681

3° Tabacs

Les réceptions ont été de 64,191 boucauts de tabacs, et les expéditions de 58,020, à savoir :

Pour Brême	18.808 bouc.	Pour Marseille.....	2.588 bouc.
— Amsterdam...	3.578 —	— l'Angleterre..	301 —
— Rotterdam ...	18.367 —	— l'Italie.......	1.490 —
— Havre........	7.287 —		
— Bordeaux	5.601 —	Total	58.020 bouc.

Les États de la Virginie et du Kentucky ont de plus envoyé en transit à Baltimore :

Le premier.. 10.272 boucauts de tabac en feuilles et 6.332 de côtes de tabac
Le second.. 15.885   —   —   1.049   —   —

4° Coton

Baltimore a reçu en 1878 :

De Charleston	22.904 balles de coton.
De Savannah.....................	47.500 —
De la Virginie et de la Caroline du Nord.....................	69.968 —
Par rail........................	19.516 —
Total, par mer et par rail.	159.888 balles de coton
Contre.....................	142.135 en 1877
Augmentation............	17.753

Les exportations ont atteint 83,295 balles, contre 37,094 balles expédiées en 1877, dont :

Pour Liverpool.................	63.579 balles de coton.
— Brême.....................	19.510 —
— Rotterdam	206 —
Total.................	83.295 balles de coton.

5° Pétrole

Pendant l'année 1878, les États-Unis ont exporté 325 millions de gallons de pétrole ; 6 millions de moins qu'en 1877.

Baltimore a reçu 879,605 barils de pétroles bruts et raffinés, et en a expédié 35,777,587 gallons (le baril de pétrole contient 42 gallons), dont 1,208,802 seulement d'huiles brutes.

Voici le détail des expéditions en Europe :

Pour Amsterdam.	900.885 gall.	Pour Hambourg.	2.488.962 gall.
— Anvers......	7.786.293 —	— Le Havre..	149.525 —
— Barcelone ..	415.190 —	— Marseille..	151.091 —
— Bordeaux..	145.548 —	— Rotterdam.	1.482.893 —
— Brême.....	18.040.794 —	— Trieste.....	1.363.283 —

Pendant 1878, Baltimore a exporté 7 millions de gallons de moins que l'année dernière ; New-York 12 millions de moins ; mais Philadelphie 26 millions de plus.

MOUVEMENT MARITIME DU PORT DE BALTIMORE EN 1878

Entrées. — 1,723 navires sont entrés dans le port, dont 571 sous pavillon étranger et 320 américains : 891 sont venus chargés ; et 777 étrangers et 55 américains, soit 832 sont arrivés sur lest. — En 1877, les entrées avaient été de 1,434 navires.

Sur ces 1,723 navires, on compte :

609 anglais, dont 118 steamers.	133 allemands, dont 36 steamers.
275 norvégiens — » —	57 espagnols — 30 —
167 italiens — » —	

Aucun navire français n'est signalé. Le tonnage de ces navires est de 1,230,141 tonnes, dont 1,101,067 tonnes pour les navires étrangers.

Sorties. — Il est sorti du port 1,097 navires (contre 1,349 en 1877), dont :

360 américains, avec un tonnage de....	128.175 tonnes..
1.337 étrangers, —	1.098.870 —
1.697	1.227.045 —
Contre.................	880.996 en 1877

Sur ces navires :

905	ont emporté des grains.	477 (dont 125 steamers) carg. gén.
155	— pétroles.	21 sont partis sur ballast.
36	— farines.	56 — avec art. divers.
44	— charbons.	

	ENTRÉES 1878	SORTIES 1878
Steamers.........................	187	184
Trois-mâts francs.................	137	125
— barques....	999	1.008
Bricks............................	160	158
Schooners........................	240	222
Totaux...............	1.723	1.697

Je donne enfin, comme dernier renseignement, le résumé des exportations de Baltimore pour la France en 1878 :

Blé........	6.970.445 boisseaux.	Écorces....	6.450 sacs.
Maïs.......	149.761 —	Bois.......	262.000 pieds cnb.
Pétrole....	1.181.803 gallons.	Douvelles..	349.000 —
Tabac.....	15.476 boucauts.		
	Valeur totale....................		d. 8.425.987

Ces marchandises ont été chargées sur 221 navires.

II. — Richmond

Situation géographique.

Richmond est la capitale de la „ Virginie ", après avoir été la capitale des États confédérés, pendant la guerre de sécession. La ville est située sur la rive gauche de la rivière James, à 100 milles de son embouchure, dans la baie de „ Chesapeake. " La population est d'environ 65,000 âmes. Le commerce, assez important, comprend les tabacs et farines : les tabacs sont expédiés dans le Nord, et les farines, qui sont d'excellentes qualités, au Brésil principalement.

Commerce.
Tabacs et farines.

De nombreuses manufactures donnent du travail à plus de 4,000 ouvriers : ateliers de construction de machines, de wagons, forges, fonderies, raffineries de sucre, fabriques de cigares, de toiles, moulins à farine, poteries de grès, etc. Parmi les moulins à farine, on peut citer le « Gallego Flour Mills », qui peut livrer jusqu'à 1,500 barils de farine par jour. Notons aussi le « Tredegar Iron Works », usine qui contruit de magnifiques ponts métalliques, et dont les bâtiments couvrent 15 acres de terrain, soit 6 hectares.

Cinq lignes de chemins de fer viennent converger à Richmond.

Exportations.

D'après le rapport du bureau de statistique à Washington, les exportations de Richmond se sont élevées, en 1878, à d. 2,431,092, dont :

10.478.429 livres de tabac en feuilles, valeur. d.	1.053.604
10.918 boisseaux de blé	22.500
157.887 barils de farine	1.163.410
Divers articles	191.578
Total. d.	2.431.092

III — **Charleston** (Caroline du Sud)

Situation
géographique.

La ville de Charleston est située au confluent des deux rivières « Ashley » et « Cooper », qui courent d'abord parallèlement pendant 6 milles environ, puis grossissent à leur approche de la mer, et enfin se rejoignent dans une magnifique baie de 7 milles de long sur 2 de large. Le port est formé par cette baie, qui est protégée par les îles « Sullivan » et « James ». Une passe d'environ 1 mille de large, défendue par le fameux fort « Sumter », permet aux navires de pénétrer dans la baie. Cette passe est encore obstruée par les bateaux que les confédérés coulèrent, lors de la guerre de sécession, pour barrer le passage à la flotte fédérale. Ces épaves sont cause que les gros navires ne peuvent entrer dans le port de Charleston.

Commerce.
Cotons, riz, engrais

Le commerce consiste principalement en coton, riz et engrais. Ce dernier article devient fort important. En 1868, on découvrit dans les rivières qui entourent la presqu'île sur laquelle est

Fabrication des engrais.

Bâtie là la ville des bancs de fossiles pétrifiés par les eaux. Ces fossiles sont des phosphates très riches que manufacturent d'importantes usines. Les os sont broyés, passent dans un four où on les calcine pour leur enlever certaines impuretés et faciliter la pulvérisation. La poudre obtenue est traitée par l'acide sulfurique, avec lequel on la mélange dans une proportion de 18 0/0 d'acide. Cet acide est préparé dans les usines : pour cela, on grille du soufre dans des fours entièrement construits en tôles de fer, et l'on oxyde l'acide sulfureux formé en jetant dans les fours des sulfates de soude. Les vapeurs d'acide sulfurique sont recueillies dans un condensateur à circulation d'eau froide. La vapeur d'eau formée est envoyée aux chaudières de l'usine.

Tel est le traitement très simple produisant les " fertilizers ". Les os pétrifiés bruts valent d. 6 la tonne.

L'acide sulfurique fabriqué aux usines revient de d. 16 à d. 18 la tonne. Le prix de revient de l'engrais manipulé est de d. 12 à d. 15 la tonne. Le prix de vente de la tonne d'engrais prise sur place, en gros, vaut de d. 20 à d. 25, suivant les cours.

Ces engrais sont envoyés en Europe, où ils sont mélangés aux guanos, et revendus sous le nom de " phospho-guanos ", etc., on commence à s'en servir aux Etats-Unis, où bien des terres ont été épuisées par un mauvais mode de culture non raisonnée.

Charleston possède, outre ces usines, des manufactures de wagons et voitures, ateliers de construction de machines, des moulins à farine et des établissements pour nettoyer, trier, etc., les riz.

Port-Royal.

Je noterai que les négociants de cette ville réclament des relations directes entre leur port et l'Europe, particulièrement l'Espagne. Ils ont, disent-ils, beaucoup de fret pour ce dernier pays (Barcelone), surtout l'hiver. Je dois ajouter qu'un petit endroit, Port-Royal, situé un peu au sud de Charleston, et le premier établissement créé par les Français sur ces côtes, fait beaucoup parler de lui. Il y a là un port naturel magnifique, que quelques travaux pour établir des quais, etc., rendront parfait. Une ligne de paquebots anglais va, dit-on, installer un service régulier.

Port-Royal est relié par voies ferrées à Charleston et Savannah, dont le fret viendra y aboutir probablement; Charleston à cause de sa passe, Savannah à cause de sa rivière aux immenses bancs de vase, sont peu praticables pour les navires d'un gros tonnage.

Les exportations de Charleston se sont élevées, en 1878, à 17,727,783 dollars :

```
Par navires américains.................... d.   4.317.308
    —      étrangers....................   13.410.475
                Total..................... d.  17.727.783
```

Les principaux articles sont :

			VALEUR
Essence de térébenthine.	1.712.623 gallons. d.		502.699
Graines de coton.......	1.454.624 livres.....		23.431
Cotons............	297.682 balles...		16.483.748
	107.287.290 livres....		
Blé................	44.306 boissseaux.		71.572
Farine de blé..........	2.891 baril......		20.190
Engrais...............	»		151.563
Articles divers.........	»		474.580
	Total.................		17.727.783

IV — Savannah (GÉORGIE)

Situation géographique.

La capitale de la „ Géorgie " est située sur la rivière qui a donné son nom à la ville, à 18 milles de son embouchure; le port est formé par la „ Savannah "; il est peu commode et son entrée difficile à cause des détours de la rivière et des bancs de vase qui l'encombrent. Savannah est cependant le deuxième port des États-Unis pour l'exportation des cotons; le commerce des bois y est important.

Commerce.

Les exportations de l'année 1878 se sont élevées à 18,544,963 dollars, à savoir :

```
Par navire américains.................... d.   3.074.221
   —       étrangers....................   15.470.742
            Total...................... d.  18.544.063
```

Les principaux articles sont :

Bois débités	288.187 p. cubes. d.		37.712
— toutes sortes	18.300.000	—	266.062
Essence de térébenthine	381.249 gallons	....	86.474
Graines de coton	351.675 livres	......	3.970
Engrais	»		18.615
Résine etc	48.051 barils	......	132.810
Cotons	351.428 ballés	......	
—	167.640.119 livres	......	
Coton coloré	82.096 yards	......	17.915.197
— blanc	4.342 —	......	
Articles divers	»		74.113
Total	......	d.	18.544.963

RAPPORT N° 3

LA LOUISIANE

I. — Ressources de cet État. — Nécessité d'y provoquer l'immigration des Européens.

II. — Commerce de la Nouvelle-Orléans (1878).

III. — Huiles de Graines de coton.

Mai 1879.

I. — *Ressources de cet État. — Nécessité d'y provoquer l'immigration des Européens.*

Avant d'étudier les principaux traits du commerce de cet État et de son grand port, la Nouvelle-Orléans, je résume quelques notes sur les ressources de ce beau pays, autrefois français, ressources annihilées par le manque de bras et de capitaux.

La Louisiane a une superficie totale de :

Étendue.

40.790 milles carrés = 106 054 kilomètres carrés
ou 25.105.600 acres... = 10.606.405 hectares.

Ce qui est environ le septième de la surface de la France. Le recensement de 1870 donnait comme population 726,861 habitants, dont 362,651 blancs et 364,210 noirs. La population actuelle ne dépasse pas 1,000,000 d'âmes. La capitale, New-Orléans seule, a 250,000 habitants. L'État est divisé en 56 pa-

Population.

2

roisses, qui correspondent aux comtés des autres Etats américains.

Peu de pays possèdent, comme la Louisiane, une aussi grande variété de terres et de produits. On y distingue les plaines et les parties montagneuses. Les plaines comprennent des forêts de pins, des prairies, des terres arables, des marais, enfin les côtes. Les parties montagneuses, des collines avec forêts de pins, de bonnes terres arables, enfin les terrains sur les rives des cours d'eau (Bluff Lands).

Les terres publiques (Public Lands) de la Louisiane comprennent 16,000,000 d'acres, dont 7,000,000 appartiennent au gouvernement des États-Unis, et 9,000,000 à l'État même de la Louisiane.

En général, le sol est d'une fertilité remarquable dès qu'on le cultive et qu'on y amène l'eau. Dans les prairies, région des « Opelousas » et « Attakapas », on peut non seulement élever de nombreux bestiaux, bœufs, moutons, chevaux, mais encore cultiver le coton, la canne à sucre, le riz, le tabac et les légumes. Les forêts de pins, dont le sol est recouvert d'une herbe excellente pour les bestiaux, sont facilement exploitables, soit au point de vue du bois, soit pour la résine, que l'on peut extraire en quantité illimitée pour fabriquer ensuite de l'essence de térébenthine, industrie qui n'a jamais été développée en Louisiane.

Le climat est en général fort sain, surtout dans les prairies et les forêts, et la longévité des créoles de cet État est proverbiale.

Dans le sud-ouest de la Louisiane, région des Attakapas, les terres, près des cours d'eau navigables et des villes, s'achètent d. 10 à d. 15 l'acre; les terres, à une certaine distance, d. 6 à d. 3 l'acre, et les terres éloignées d. 2.50 à d. 1.25 l'acre.

Il y a beaucoup de terres appartenant au gouvernement (Public Lands) que les émigrants peuvent acheter sous la loi du " Homestead ", par portion de 80 à 160 acres, au prix de d. 23.50 à

d. 45. Ces terres sont couvertes d'arbres que l'émigrant abat en défrichant, fait scier, et avec lesquels il se construit une maison sans grands frais. Il peut semer immédiatement du blé et des légumes, pour son entretien personnel. En attendant la première récolte, il achète aussi quelques animaux : un cheval coûte Prix des animaux. de d. 40 à d. 60, un bœuf 3 à 5 cents la livre sur pied, un mouton d. 1.50 à d. 2, une vache laitière d. 20 à d. 30, des oies d. 1 la paire, des poulets d. 3 à d. 2 la douzaine, etc.

Un homme actif et laborieux peut cultiver, à lui seul, 20 acres de terrain, et produire par an :

    400 boisseaux de maïs ;
    200   —   de pommes de terre ;
     10 barils de riz ;
      5 balles de coton,
    Sans parler des légumes, fourrages, etc.

La loi du „ Homestead ", dont je parle ci-dessus, est ainsi formulée :

« Chaque chef de famille, ou chaque veuve, ou toute femme Lois encourageant
l'émigration :
1° Loi
du Homestead.
» non mariée, ou tout homme, âgé d'au moins 21 ans, citoyen
» des États-Unis, ou qui a fait serment de le devenir, peut ob-
» tenir, au Bureau des terres du gouvernement, après avoir payé
» d. 18 de droits d'enregistrement, 160 acres de terre en dehors
» des limites d'un chemin de fer, ou 80 acres dans ses limites. »

Par limite de chemin de fer, on entend une largeur de 20 milles prise de chaque côté de la voie ferrée.

Une autre loi „ Presemption Law ", loi dite de „ préemp- 2° Loi
de préemption.
tion ", porte que :

« Chaque chef de famille, ou chaque veuve, ou toute femme
» non mariée, ou tout homme, âgé d'au moins 21 ans, citoyen
» des États-Unis ou qui a fait serment de le devenir, peut ob-
» tenir 160 acres de terre, soit dans les limites, soit hors des li-
» mites d'un chemin de fer. »

Il faut pour cela commencer un travail quelconque de culture, construction, etc., sur la terre que l'on a choisie, après s'être bien assuré qu'elle n'est pas déjà prise.

Telles sont les deux lois faites pour attirer les émigrants en

Amérique, et applicables en Louisiane comme dans l'Ouest, Kansas, Colorado, etc.

Plantations et fermes de la Louisiane. Le dernier recensement, fait en 1870, donnait pour les plantations et fermes de la Louisiane les résultats suivants :

Plantations de plus de 1.000 acres.................. 142
— contenant entre 500 et 1.000 acres.. 650
— — entre 100 et 500 acres..... 3.753
— — moins de 100 acres...... 23 936

Total.......... 28.481

Terres cultivées, acres.................... 2.046.670
— à cultiver — 18.000.000
Valeur des fermes, ustensiles de ferme, machines, en Louisiane................ d. 75.374.000
Valeur des récoltes obtenues............. d. 52.000.000

Ces deux derniers chiffres comparés donnent une proportion de 69 0/0 obtenue par les récoltes en Louisiane en 1870, tandis que dans l'Iowa on n'obtenait que 28 0/0; dans l'Illinois 32 0/0, dans l'Ohio 19 0/0, et dans l'Indiana 18.5 0/0.

Culture des arbres fruitiers. Les ressources de la Louisiane sont merveilleuses : outre les moissons de blé, riz, maïs, coton, etc., outre l'élevage facile des bestiaux, outre l'exploitation des forêts, il y a la culture des arbres fruitiers, encore dans l'enfance, et donnant des résultats extraordinaires. Ainsi, on cite des orangers donnant 5, 6 et 8,000 oranges par an. Il existe neuf variétés d'oranges domestiques. Enfin, tous les fruits poussent à merveille, sauf la groseille.

Élevage des vers à soie. Quelques Italiens s'occupent de l'élevage des vers à soie, et réussissent parfaitement. L'Europe paye au Japon d. 4,000,000 par an pour achat d'œufs de vers à soie. La Louisiane peut produire ces œufs en immense quantité. De plus, 4 livres 1/2 de cocons louisianais donnent 1 livre de soie, tandis que cette livre de soie n'est donnée que par 12 à 15 livres de cocons japonais.

Ressources minérales. Comme ressources minérales, on trouve, en Louisiane, du soufre, du charbon, du pétrole, du fer et du sulfate de chaux.

Causes de la misère en Louisiane. Comment se fait-il qu'un État aussi richement doué par la nature soit et reste pauvre? Les causes sont multiples :

1° A peine un septième des terres est cultivé;

2° Sur 1 million d'habitants, à peine 150,000 travaillent la terre ;

3° Les ressources de la Louisiane sont connues peu ou point; les habitants sont mous, paresseux et travaillent tout juste pour produire ce qui est nécessaire à leur existence.

Il faudrait un million d'hommes, de cultivateurs, fermiers, etc., sachant cultiver les champs, exploiter les mines, scieries à vapeur, usines, etc.; il faut des lignes de paquebots sur l'Europe et l'application du remorquage à vapeur des « barges », sur les rivières à travers toute l'Amérique, des monts Alleghany aux montagnes Rocheuses, sur une longueur de plus de 15,000 milles de cours d'eau navigables à partir de la Nouvelle-Orléans, qui certainement un jour arrivera à doubler et tripler peut-être sa population actuelle.

Nécessité de créer des relations entre la Louisiane et l'Europe.

Un planteur des environs de Bâton-Rouge écrit à ce sujet :

« Tout ce que nous voulons, dans notre État, c'est une classe
» d'hommes actifs, laborieux, entreprenants, et la Louisiane sera
» prospère; ce qu'il faut avant tout, c'est se mettre à la besogne,
» développer les ressources de l'État, et tout le reste, chemins
» de fer, argent, etc., nous arrivera nécessairement une fois cela
» fait. »

Quant à la santé, elle est généralement bonne dans l'intérieur des terres, et la terrible fièvre jaune n'a visité que les grands centres échelonnés sur le Mississipi.

II. — *La Nouvelle-Orléans. — Commerce de l'année 1878.*

La « Nouvelle-Orléans », la capitale de la « Louisiane », est située sur la rive gauche du Mississipi, à 100 milles environ de son embouchure. Le grand fleuve décrit une courbe « en arc de cercle » très accentuée en traversant la cité, qui par cela même est souvent désignée par le sobriquet de « Crescent-City », « ville du Croissant ». La Nouvelle-Orléans est le plus grand port des États-Unis après New-York, surtout aujourd'hui que les travaux du capitaine « Eads », dans la Passe-Sud de l'embouchure du fleuve sont terminés et ont complètement réussi.

Situation géographique.

Le Mississipi. Ses jetées. Travaux du capitaine Eads.

Les navires d'un gros tonnage peuvent remonter jusqu'à la Nouvelle-Orléans. La Passe-Sud « South-Pass », du Mississipi, s'étend sur une longueur de 2.1/4 milles; de chaque côté de la passe, on a enfoncé dans le lit de sable et de vase du fleuve deux rangées de pieux écartés d'environ 12 pieds; on a réuni les pieux entre eux par des madriers du côté intérieur de la passe ainsi rectifiée, et l'on a rempli le vide entre les deux rangées de pieux avec des branchages de saules et des empierrements. La largeur du chenal créé entre les deux pilotis est d'environ 1,000 pieds. On a coulé dans ce chenal des matelas formés de branchages de saule entrelacés et solidement réunis entre eux (épaisseur 2 pieds, largeur 40), et on les a surchargés de pierres. On a tapissé ainsi, outre le lit même du chenal, les côtés des pilotis au moyen de matelas identiques, mais plus étroits, venant garnir l'intérieur de ces pilotis jusqu'au niveau des plus hautes eaux.

Les eaux du fleuve, forcées de suivre le nouveau chenal, ont emporté dans le golfe du Mexique les amas de sable et de vase qui obstruaient le passage. En surchargeant avec des pierres les matelas formant le lit artificiel des eaux, on a gagné des profondeurs de plus en plus grandes jusqu'à obtenir maintenant une profondeur de 26 pieds à la tête des passes, et une profondeur de 30 pieds dans le chenal. Le capitaine Eads a, d'ailleurs, rempli son contrat, par lequel il devait obtenir 24 pieds d'eau au moins, et touché le dernier payement stipulé de d. 500,000.

Les jetées ainsi obtenues au moyen de ces pilotis garnis de branchages et d'empierrements, résisteront aux plus mauvais temps : ce système, nouveau en Amérique, avait d'ailleurs été déjà employé en France, je crois, pour rectifier le cours de plusieurs rivières.

Épidémie de fièvre jaune en 1878. Le fait dominant de l'année 1878 a été l'épidémie de fièvre jaune qui, éclatant en juillet, puis gagnant Vicksburg, Memphis, a régné sur les bords du Mississipi, de son embouchure à son confluent avec l'Ohio. Cette épidémie est cause de la quarantaine sévère qui bloqua le port de la Nouvelle-Orléans, de mai à octobre 1879, et paralysa presque entièrement les affaires. La population, indignée, a protesté contre la quarantaine : des menaces de mort ont été publiées contre le docteur Chopin, président du „ Board of Health " (Bureau de santé), dont les exigences sont presque tyranniques. L'on craint, à bon droit, que les États et villes voisines ne se protègent aussi par des quarantaines contre la Nouvelle-Orléans, auquel cas cette cité serait, comme l'année dernière, dans un isolement complet et ruineux. L'opinion de tous est que la quarantaine n'a jamais empêché la fièvre jaune, et qu'elle est parfaitement inutile. Les autorités devraient assainir la ville, nettoyer les ruisseaux, et assurer un bon écoulement des eaux, plutôt que de paralyser les ressources commerciales de toute la Louisiane.

Je pense que le germe de la fièvre jaune existe dans les cités mêmes du Sud, et l'épidémie qui, cette année, a ravagé Memphis, ville mal entretenue et sale, me confirme encore dans mon opinion. Memphis seule a été infestée, et les germes de la maladie n'ont pu être apportés par aucun navire venant de la Havane ou d'autres pays malsains. Donc, ils y étaient déjà, et s'y sont développés sous l'influence des grandes chaleurs.

La Nouvelle-Orléans est dans de mauvaises condisions sanitaires, vu que le sol y est de 2 à 4 pieds en contre-bas du niveau des hautes eaux du fleuve; il a fallu protéger la cité par des remblais de terre, appelés levées, qui courent tout le long de la rive, et ont 4 pieds de haut sur 15 pieds de large.

Causes des épidémies.

Cette disposition des terrains fait que la ville est une sorte de cuvette, où s'amassent les eaux de pluie, qui ne s'écoulent ensuite que très imparfaitement. Pour en donner une idée, je me souviens qu'après un orage violent les rues de la Nouvelle-Orléans étaient devenues de véritables rivières, et, qu'au bout de deux heures, je n'ai pu rentrer chez moi, dans „ Canal Street ", qu'en pataugeant dans l'eau jusqu'à mi-jambe! Les eaux croupissent dans les ruisseaux, très larges et profonds. Quand viennent les rudes chaleurs de l'été, elles se corrompent rapidement, et certaines rues sont absolument infectées.

C'est donc l'assainissement de la ville que le Bureau de santé doit avant tout considérer et assurer.

RÉSULTATS DE L'ANNÉE COMMERCIALE 1878

1° AGRICULTURE

Culture de l'oranger.

Il n'y a de nouveau à signaler que le développement de la culture de l'oranger, dont les fruits sont l'objet d'un commerce important entre la Nouvelle-Orléans et les grandes villes de l'Ouest. Ces oranges partent par le « Chicago, Saint-Louis et North-Western Railroad », qui en a transporté 30,000 boîtes pendant les mois de novembre, décembre 1878, et de janvier 1879. De Chicago, ces fruits sont distribués dans tout l'Ouest.

Voici un tableau des récoltes de l'année 1877-78, comparées à celles de l'année 1876-77. Celles de l'année 1878-79 sont très belles :

DENRÉES	1877-1878			1876-1877		
	QUANTITÉ	PRIX	VALEUR	QUANTITÉ	PRIX	VALEUR
Coton en balles......	600.000	d. 40	24.000.000	585.000	d. 40 »	23.400.000
Sucre (boucauts).....	125.100	d. 95	10.633.500	163.837	d. 95 50	15.646.534
Mélasse (gallons).....	13.576.374	c. 35	4.751.730	11.117.190	c. 45 ½	4.835.973
Riz (barils)......	140.785	c. 11	1.548.635	161.694	c. 11 »	1.673.537
TOTAUX........	»	»	40.933.865	»	. »	45.556.044

Une plus grande extension donnée à la culture des cotons a contrebalancé les résultats médiocres donnés par les riz et sucres, après un automne d'ailleurs très défavorable.

2° MANUFACTURES

Il y a dans la ville six usines pour la fabrication de l'huile de graine de coton, industrie particulière à la Nouvelle-Orléans, et la seule importante.

Ces usines ont traité, pendant l'année 1877-78, 110,000 tonnes de graines, et produit :

3 500.000 gallons d'huile à 32 c., valeur moyenne par gallon, soit.. d. 1.120.000
35 000 tonnes de tourteaux, à 15 d. la tonne............ 525.000
4.500 balles de lintens (450 livres la balle). à 4 et 6 c. la livre 100.250

'Le « lintens » est un coton léger, dépourvu de soie, obtenu au moyen d'une machine qui enlève le duvet de la graine non encore décortiquée. Les Anglais en font d'excellente ouate.

Il y a aussi à citer les puissantes presses à coton, qui, en trente secondes environ, réduisent une balle de coton aux 2/3 ou 3/4 de sa hauteur : il y en a même qui réunissent deux balles en une seule. C'est là un grand avantage pour l'arrimage du coton dans les cales des navires. On peut embarquer quatre balles et quatre balles et demie au tonneau. Le compressage du coton, qui était de 75 c. par balle, a été réduit à 50 c.

3° Mouvement commercial

D'après les rapports officiels de la douane, le commerce en marchandises pour l'année, finissant au 31 août 1878, comprend :

I. — Importation de marchandises étrangères

Par navires étrangers....................	d	9.570.734
— américains...................		2.028.181
	Total....... d.	11.598.915

Dont les principaux articles sont :

Aciers et fers travaillés....	323.476 livres....	d.	180.590
Articles de fantaisie.....................			57.101
Bois pour teinture.........	6.021 tonnes......		5.537
Bonneterie..........................			52.501
Café....................	28.726.724 livres.......		4.885.165
Châles en laine.........................			37.230
Cigares.................	29.417 livres.......		103.350
Cotons de fabrique.......	2.595.182 yards carrés.		193.453
— non spécifiés			241.701
Coutellerie...............			21.650
Epices..........	57.529 livres.......		13.248
Espèces monnayées et en lingots { États-Unis 75.863 } { Etranger . 278.482 }			354.345
Faïences.................................			244.619
Fruits.................................			162.013
Lainages de fabrique......	262.612 yards carrés.		70.860
— non spécifiés................			105.229
Sucre brun....	54.191.905 livres.......		2.437.987
Tabac en feuilles........	70.565 —		42.025
Toiles.................................			332.041
Vins, légumes, boissons fortes..................			562.647
Divers articles d'une valeur moindre de d. 100......			1.495.619
	Total des importations.....	d.	11.598.915

Pour les cafés et sucres, voici les comparaisons de l'année 1878 avec les deux précédentes :

Cafés :

PROVENANCES	1877-78	1876-77	1875-76
Brésil	178.188 sacs	154.181 sacs	154.730 sacs
Cuba	41 —	249 —	2 —
Mexique	27.264 —	19.875 —	8.758 —
Total. d.	205.493 sacs	174.305 sacs	163.488 sacs

Sucres (en boucauts, tierçons, caisses et barils) :

Cuba	58.562	27.781	91.529
Brésil	2.732	60	8.402
Total. d.	61.494	27.841	99.931

II. — *Exportations (Année : 31 août 1877-78) :*

	1877-78	1876-77
Par navires américains. d.	17.985.755	d. 19.189.973
— étrangers	66.836.018	50.484.254
Total d.	84.821.773	d. 69.674.227

Dont voici les principaux articles :

Coton (de fabrique compris).	1.451.179 balles..... d.	
	2.629.302 yards carrés..	64.312.114
	680.193.422 livres	
Farine.	50.498 livres........	229.895
	29.504 barils........	
Grains, Maïs	7.245.428 boisseaux....	
Blé	979.824 —	4.519.774
Seigle	—	
Avoine	—	
Graines de coton	8.796.898 livres	84.165
Huiles de coton, plus de	3.000.000 gallons......	1.574.776
Merrains et autres bois		497.882
Tabacs (en feuilles et autres)	14.243 boucauts.....	1.099.107
Tourteaux	145.396.113 livres	1.479.537
Provisions et autres articles		11.024.523
Total d.		84.821.773

En détail, la Nouvelle-Orléans a exporté :

Cotons

Pour l'Angleterre	822.495 balles.... Val. d.	34.544.790
Pour la France	322.473 —	15.353.856

Tabacs

Pour l'Angleterre..........	1.226 boucauts	....
Pour la France.............	743 —	....

Maïs

Pour l'Angleterre...........	3.031.495 boisseaux.......	....
Pour le continent...........	2.923.048 —	....

Huiles de graines de coton

Les expéditions d'huiles pour l'Europe ont atteint la valeur de .... d. 1.274.686

Les expéditions de tourteaux pour l'Europe ont atteint la valeur de 1.460.854

Voici quelques détails sur cette exportation :

Expéditions d'huile raffinée et brute pour la côte américaine :

New-York .... barils.	24.093	comprenant
Providence.....................	15.550	le stock
Key-West......................	1.275	de savon.
Soit........................	40.918	

Expéditions d'huile raffinée et brute pour l'Europe :

Gênes .... barils.	31.437
Gibraltar......................	22.014
Trieste........................	9.292
Marseille......................	3.766
Leghorn.......................	2.150
Liverpool......................	385
Havre.........................	2.180
Rotterdam.....................	3
	70.227

Total............. barils. 111.145

Pendant l'année 1876-77, le total n'était que de 57,414 barils.

Tourteaux

Les principales expéditions ont été :

Liverpool .... sacs.	254.937	Aberdeen ... . sacs.	9.051
Cork....... à ordre	295.192	Berwick	4.275
Queenstown.		Rotterdam	10
Londres	41.110	Brême...............	20
Leith	45.813	New-York	10.518
Falmouth	10.909	Mobile...............	385
Bristol	14.925		
Glocester.	15.946	Total. ... sacs.	703.091

4° Mouvement maritime

Du 1er août 1877 au 31 juillet 1878, le port de la Nouvelle-Orléans a reçu :

Entrées :

	1.245 navires jaugeant....................	1.081.510 tonnes
à savoir	346 navires pr le cabotage avec 323.036 ton.	
—	182 — américains pour long cours avec cargaison...... 254.405 —	
—	69 — américains pour long cours sur lest........... 52.477 —	
—	229 — étrangers pr long cours avec cargaison........ 247.863 —	
—	419 — étrangers pr long cours sur lest... 363.729 —	
		1.081.510 tonnes

Sorties :

	1.323 navires jaugeant....................	1.107.739 tonnes
à savoir	437 navires pr le cabotage avec 339.628 ton.	
—	222 — américains pr long cours avec cargaison........ 144.548 —	
—	3 — américains pr long cours sur lest... 234 —	
—	649 — étrangers pr long cours avec cargaison......... 623.168 —	
—	2 — étrangers pr long cours sur lest... 61 —	
		1.107.73. tonnes

Du 1er septembre 1877 au 31 août 1878, il est arrivé 421 steamers, et sorti 382.

5° Produits de l'intérieur

Les produits reçus de l'intérieur à la Nouvelle-Orléans pour l'année 1877-78 ont atteint une valeur de d. 143,441,562 : augmentation sur l'année 1876-77 de d. 8,170,836.

Les principaux articles sont :

Blé................	1.048.577 boisseaux.... Valeur. d.	134.071
Coton.............	1.702.852 balles	73.791.790
Crin végétal	9.050 —	57.948
Farine.............	639.304 barils................	3.075.228
Graines de coton	......	1.285.880
Laines.............	29.557 sacs................	1.330.065
Maïs..............	6.297.592 boisseaux............	4.324.388
Mélasse	13.576.374 gallons............	4.141.794
Viandes de porc	66.755 barils................	867.815

Riz....	145.672 barils.............	1.675 228
Sucre..	125.100 boucauts.............	10.650 500
Seigle..	618.685 boisseaux	403.000
Tabac en feuilles....	15.878 boucauts...........	1.305 130
— manufacturés	....	1.790 540
Tourteaux	321.678 sacs	804.195
Whisky......	39.449 barils...........	1.893.552
Etc. etc.		

Les chiffres qui précèdent donnent une juste idée de l'importance commerciale de la métropole des États du Sud. Les produits de la riche vallée du Mississipi ont pour débouché naturel la Nouvelle-Orléans, et y aboutiront *tous* un jour, grâce au plus puissant moyen de transport à bon marché qui existe, le grand fleuve du Mississipi. Pour y attirer les produits de tous les États de l'Ouest, il faut relier directement la Louisiane et son grand port à l'Europe, et en particulier à la France. Les négociants de la Nouvelle-Orléans réclament deux lignes régulières de paquebots, l'une sur Marseille, avec escale dans différents ports espagnols, Barcelone, Cadix ; et l'autre, la plus ardemment désirée, sur le Havre, avec escale à Bordeaux au voyage d'aller.

Le fret du Havre et de Bordeaux comprendrait les principaux articles d'importation que j'ai déjà cités : bonneterie, tissus de laine et de coton, soieries, article fantaisie, verrerie, faïences et porcelaines, vins, etc., etc.; il y aurait de plus à compter sur le transport de nombreux émigrants suisses, allemands, etc., dont les bras et le travail sont si impérieusement réclamés en Louisiane et au Texas.

Le fret de retour direct sur le Havre est toujours assuré par les cotons, grains, huile de graine de coton et tourteaux, bois, tabacs, saindoux, farines, viandes salées, peaux, résines, en un mot, tous les produits de l'Ouest.

Ainsi, du 1er septembre 1878 au 1er juillet 1879, il a été exporté :

Pour le Havre..	Coton. ..	208.859	balles.
—	Tabac....	281	boucauts,
Pour la France.	Maïs.....	1.333.374	boisseaux.
—	Blé.... ..	754.525	—
—	Seigle ...	19.188	—
—	Farine .	200	barils.
—	Graisse .	168	tierçons.

Il est d'ailleurs évident que toute ligne de steamers réguliè-rement établie entre deux ports comme Le Havre et la Nou-velle-Orléans ne peut qu'amener de nouveaux courants d'affaires et par suite se développer rapidement. Nous ne devons pas non plus oublier, en France, que les sentiments de la majorité des habitants de la Louisiane sont français, et que toute entreprise reliant ce pays à l'ancienne mère-patrie sera favorablement ac-cueillie et soutenue.

Commerce des fruits.

J'ai parlé, au début de ce rapport, du commerce des fruits domestiques de la Louisiane avec l'Ouest *via* Chicago. Ces fruits ne suffisent pas à la consommation, et d'importantes affaires se sont montées pour le transport des fruits d'Italie à la Nouvelle-Orléans.

Ce commerce aura forcément pour centre la Nouvelle-Or-léans; et voici pourquoi : Chicago, où on les expédie ensuite, est, par rail, à égale distance de New-York et de New-Orleans; mais la voie ferrée du Sud est sans fortes pentes, les locomo-tives y traînent 40 wagons, tandis que sur la ligne de New-York à Chicago, elles n'en traînent que 18 à 20; de là, une grande différence dans les tarifs, et ce moyen de transport à bon marché a attiré et attirera de plus en plus à la Nouvelle-Orléans des chargements de fruits.

Ainsi, pour cette année 1879, il est venu, du 1er février au 1er mai (les fruits étrangers ne doivent arriver qu'après la ré-colte des fruits domestiques, c'est-à-dire fin janvier), sept stea-mers chargés d'oranges et de citrons :

> 7 steamers à 15.000 boîtes par steamer. soit 105.000 boîtes.
> 2 navires à voile avec 4.000 boîtes chacun... 8.000 —
> _____
> Total........ 113.000 boîtes.

Les oranges sont arrivées en assez mauvais état : on a dû re-faire les boîtes, et les pertes réduisent à environ 100,000 boîtes le total des arrivages.

Les steamers sont ordinairement affrétés à Liverpool, pour le voyage de la Méditerranée à la Nouvelle-Orléans, au prix de d. 5,500, et les affréteurs se réservent le droit, sur la charte-partie, de les charger entièrement environ 20,000 boîtes).

Sur les 100,000 boîtes notées ci-dessus, le « Chicago, Saint-Louis et N. W. R. R. » a transporté :

En février.	5.438 boîtes d'oranges.	2.115 boîtes de citrons.
En mars..	10.821 —	4.284 —
En avril...	6.988 —	7.497 —
Totaux.	23.247 —	13.896 —

En tout, 37,143 boîtes de fruits.

On attend encore un steamer avec 18,000 boîtes, et un brick avec 4,000 boîtes.

Les importations d'autresfruits sont nulles, sauf celle des raisins secs, dont 32,000 boîtes sont passées, cette année, en transit à la Nouvelle-Orléans, en route pour Chicago.

Enfin, j'ai à citer un dernier produit, dont l'exportation en France deviendra importante ; c'est la mousse, dite « Spanish Moss », et aussi mousse grise « Gray Moss ». Cette mousse pousse en grande quantité sur les arbres qui croissent sur les bords des marécages, des lacs et des « bayous » (petites rivières). Ce n'est pas un parasite, vu que l'arbre qui lui sert seulement à se déployer dans les airs ne lui fournit aucune substance. Cette mousse vit, dit-on, des éléments malsains répandus dans l'atmosphère par les eaux des marais et purifie l'air. Si l'arbre qui la porte meurt, elle tombe avec l'écorce de l'arbre. Aussitôt que l'arbre meurt, elle devient noire comme si elle prenait le deuil.

Cette mousse se trouve rarement au-dessus du 33e degré de latitude nord; on la rencontre dans les États du golfe du Mexique, mais surtout en Louisiane; dans ce dernier État, les mousses de meilleure qualité proviennent du bassin d' « Atachafalya »; elles sont longues, fines, douces au toucher, brillantes, et ne croissent que sur des cyprès.

Ordinairement la mousse est grise, et possède de longs filaments qui, à chaque ramification, produisent de petites fleurs, plus petites que la fleur de tabac, et de même couleur que celle du pêcher. Sa végétation est extrêmement rapide et recouvre très vite les arbres, qui prennent alors des aspects curieux et étranges. Le soir, aux premières ombres de la nuit, on est im-

Commerce des mousses.

Production.

pressionné : on croirait apercevoir de gigantesques fantômes sombres étendant en tous sens leurs bras décharnés.

Cueillette.

Beaucoup de Louisianais (blancs ou noirs) s'occupent à la cueillette de cette mousse, qu'ils ramassent en tas, puis étalent sur le sol pour la faire sécher. Ils la vendent aux acheteurs habitant les campagnes, qui la mettent en balles de 200 à 500 livres. Un homme peut en un jour récolter assez de mousse verte pour former une balle.

Les balles sont envoyées aux maisons de commerce de la Nouvelle-Orléans, qui les vendent aux usines. Six maisons s'occupent de la réception et de la vente des mousses.

Manipulation industrielle.

La manipulation faite dans les usines consiste dans le nettoyage des mousses, leur traitement et leur classification.

Les balles sont ouvertes et épluchées, afin d'en enlever les corps étrangers : feuilles, bois, pierres, poussière, etc. Puis, les mousses sont bouillies à la vapeur dans un bain de sulfate de fer et d'eau, qui fixe le tannin dans la mousse, et lui donne une coloration plus ou moins noire. La mousse est ensuite séchée, triée et classée en quatre catégories, avec les marques suivantes :

X mousse grise.

XX mousse grise et brune.

XXX mousse brune et noire.

XXXX mousse noire.

On met les mousses en quarts de balle, poids de 100 à 120 liv., Ou en demi-balles, poids de 175 à 200 livres.

On obtient ainsi les „ mousses triées à la machine ", qui sont les plus répandues sur le marché; les „ mousses triées à la main " sont rares, et la Nouvelle-Orléans n'en expédie jamais plus de 1,500 balles par an.

Pour l'année 1877-78, les réceptions ont été de 30,000 balles, soit 7,500,000 livres de mousses bruts; les exportations de 24,000 balles, soit 3,912,000 livres de mousse nettoyée, ce qui, au prix moyen de 6 cts. 1/2 la livre, représente d. 269,280 (augmentation de 20 0/0 sur l'année 1876-77).

Dans les campagnes, les prix varient comme suit :

Mousse brute........... 25 à 50 cts les 100 livres.
— triée à la main.. 1 à 1 ct 1/2 la livre.

Dans la ville, pendant l'année 1878, les prix ont été de :

COULEUR	MOUSSES BRUTES	MOUSSES MANUFACTURÉES
Mousse grise, marque X.............	2 cts la livre.	5 1/4 cts la livre.
— grise et brune, marque XX..	2 1/2 —	6 1/4 —
—, grise, brune et noire, m. XXX	3 1/2 —	7 1/2 —
— grise et noire, marque XXXX.	4 1/2 —	8 —
— grise et noire extra (teinte)..		9 —

Ces mousses sont expédiées dans tous les États-Unis et le Canada, en Allemagne et en France, où l'on s'en sert pour faire des matelas, rembourrer les meubles; elles peuvent remplacer les crins dans presque tous leurs usages.

III. — Huiles de Graines de coton.

Ayant visité deux des six usines fabriquant les huiles de graine de coton, la „ Bienville Oil Works Cy " et la „ Planters Oil Works Cy ", je me suis mis au courant de cette fabrication, une des plus intéressantes que je connaisse, et dont voici le résumé :

La matière première est la graine de coton „ coton seed ", qui revient sur quai, à la Nouvelle-Orléans, de 10 à 15 dollars la tonne (prix extrêmes). Ce chiffre comprend les frais de toutes sortes : transport, entrée et valeur des sacs que chaque manufacture envoie aux fermiers qui les remplissent. Ainsi „ Bienville " a un capital de d. 40,000 engagé dans la fourniture et l'entretien des sacs nécessaires à l'usine. *Matière première.*

La graine est entourée d'une coque et de bribes de coton, et est mélangée à toutes sortes de corps étrangers mis en sac avec elle, pierres, bois, etc. On vide les sacs sur de grands tamis inclinés tournant autour de leur axe. La graine seule passe à travers les tamis, et les corps étrangers sont rejetés à part. La graine passe *1° Nettoyage des graines.*

3

devant un ventilateur qui la « *souffle loin* », tandis que les corps lourds, petits cailloux, etc., tombent à terre tout de suite. On a ainsi la graine pure.

2° Fabrication du lintens.

Les graines passent ensuite dans des appareils qui leur enlèvent leur coton. Ce sont des cylindres horizontaux, armés de lames d'acier, que l'on peut approcher ou écarter à volonté, et tournant devant un contre-batteur denté analogue à celui dont on se sert pour le blé. Le coton, ainsi arraché à la graine, sort d'une façon continue de l'appareil entre deux cylindres qui le laminent. Il est dépourvu de soie et sert à faire des ouates. Il y a même un appareil nouveau le glaçant d'un côté, à la sortie même des cylindres décrits ci-dessus.

On appelle ce coton « Lintens »; il vaut 6 à 4 cents la livre, et s'exporte pour l'Angleterre.

3° Décorticage des graines.

La troisième opération est le décorticage de la graine qui se fait au moyen de cylindres horizontaux, armés de lames verticales disposées en hélice et munies de fortes petites dents qui enlèvent à la graine son écorce, sa coque. Le résidu de cette opération, c'est-à-dire cette écorce et le peu de coton qui est resté adhérent, sert à deux choses :

1° C'est un excellent combustible, dont les cendres se vendent à 12 dollars la tonne; on en retire de la potasse ;

2° Pendant la guerre de sécession, on a eu l'idée de mélanger ce résidu à la nourriture des bestiaux, particulièrement des vaches laitières, qui s'en trouvent très bien. Prix : 2 dollars la tonne prise à l'usine.

4° Blutage.

La graine est ensuite blutée, afin d'en séparer les fragments d'écorce qui s'y trouvent mélangés, puis écrasée entre des cylindres horizontaux. La poudre obtenue, jaunâtre, est chauffée dans des chaudières, sorte de marmites dont le fond est chauffé par la vapeur : une hélice horizontale remue sans cesse la masse. La température m'a paru être de 60 à 70° Il m'a été impossible d'obtenir le degré exact.

Cette poudre chauffée est mise en sacs et pressée dans des presses hydrauliques verticales. On obtient ainsi une huile brune, dite *huile brute*, valant de 30 à 35 cents le gallon, et qui s'écoule dans des réservoirs en tôle ; puis, comme résidu, des tourteaux qui se vendent tels quels ou broyés, en sacs ou en tonneaux. Ils servent :

5° Pressage de la graine pulvérisée et chauffée.

1° A nourrir les bestiaux ;

2° Comme engrais.

Les tourteaux valent 15 dollars la tonne, et s'en vont surtout en Angleterre.

Les huiles brutes, après avoir déposé, sont ensuite raffinées ; on les met dans des grandes cuves en tôle, chauffées à la vapeur, et on les traite par des lessives de chaux ou de soude ; on n'a pas voulu me donner le procédé ; c'est un secret, paraît-il, secret que je crois facile à trouver par des essais de laboratoire. Le mélange est constamment remué par de grandes palettes immergées dans la masse et mues par la vapeur.

6° Raffinage des huiles brutes.

On obtient ainsi des huiles jaunes, sans goût, ni odeur, parfaitement limpides, que l'on met en barils, et envoie en France. Ces huiles ont la même densité que l'huile d'olive, et je crois que nous les réexpédions comme telles aux Américains ! Valeur 40 à 45 cents le gallon.

Enfin, en purifiant l'huile jaune, on obtient une huile blanche valant 50 cents le gallon environ.

Les résidus de la première purification servent aux savonneries. Valeur 1 cent à 1 cent 1/2 la livre.

Enfin, des huiles blanches, on tire des stéarines, margarines, etc.

Voilà donc un corps, la graine de coton, qui donne huit produits différents, et *dont rien n'est perdu* :

1° Lintens, ouates ;

2° Combustibles et cendres ;

3° Aliment pour les bestiaux ;

4° Huile brute ;

5° Résidu tourteaux : aliment pour bestiaux, engrais

6° Huile jaune, servant à la parfumerie, et même comme comestible ;

7° Résidus pour savonneries ;

8° Huile blanche, stéarine, margarine, etc.

Et dire qu'il y a quelques années, on jetait ces graines comme inutiles !

L'usine „ Bienville Oil Works " traite 18,000 tonnes de graine, et en retire environ 10,000 tonnes de tourteaux et huiles.

Elle donne un dividende de 10 0/0 environ aux actionnaires, et emploie 150 ouvriers, dont le salaire varie de d. 1.25 à d. 1.75. Une autre usine à citer est la „ Louisiane Oil Company ", qui traite par an 15,600 tonnes de graines, et donne :

360,560 gallons d'huile fine ;

6,909 tonnes de tourteaux.

Analyse des tourteaux.

J'ai pu me procurer une analyse faite sur des tourteaux ordinaires. Sur 100 parties de tourteau, on trouve :

Huile...	18.75
Eau...	8 65
Composés albumineux (contenant les éléments bons pour la formation de la viande chez les bestiaux, et de plus pouvant se transformer, dans le sol, en ammoniaque, acide carbonique et phosphates, c'est-à-dire excellents comme engrais)................	38.50
Sucre, gomme, fibres digestives....................	26.60
Composés minéraux, phosphate de chaux et de potasse.	6.55
Sulfates..	0 43
Carbonates de chaux et magnésie...................	0.20
Chlorures...	0.30

Analyse des cendres des écorces de la graine.

100 parties de cendres d'écorce de graines de coton contiennent :

Phosphate de chaux................................	43.61
— potasse................................	46.87
Chlorures de soude et potasse.....................	3.97
Sulfates de soude, potasse et magnésie............	5.65
Carbonate de chaux et magnésie...................	3 85

Valeur des tourteaux comme engrais.

Une tonne de tourteaux donne en poids :

Huile............................... Liv.		375
Composés albumineux.......................		770
Sucres, gommes, etc.......................		532
Composés minéraux, phosphate de chaux etc...	60 80	
Phosphate de potasse.......................	70.20	
Chlorures.................................	6 00	150
Sulfates..................................	8.40	
Carbonates de chaux et magnésie............	4.60	

Ces chiffres montrent qu'une tonne de 2,000 livres de tourteaux renferme 1,827 livres d'éléments nutritifs.

L'expérience a, de plus, prouvé que, pour l'agriculture, une
tonne de ces produits donne autant de résultats que 12 à 18
tonnes d'engrais de ferme; de plus, une tonne de tourteaux contient 150 livres de sels, surtout des phosphates; encore une raison de plus de les employer comme engrais, car ces sels main-
tiendront la fertilité du sol.

RAPPORT N° 4

LE TEXAS

Le « Texas », l'État limitrophe de la « Louisiane », est un des pays les plus neufs et les plus intéressants à étudier dans les États-Unis. Ainsi qu'on peut le lire sur toutes les affiches des bureaux d'émigration dans les grands centres américains, le Texas a besoin d'un million d'émigrants par an, pendant 20 années, pour cultiver ses terres, développer ses ressources minérales, et manufacturer ses produits.

Efforts pour attirer l'émigration.

Pour attirer les émigrants directement dans cet État, une agence d'émigration vient d'être installée au « Castle Garden » même de New-York. Des Compagnies se sont fondées, qui ont acheté des terres pour les revendre aux arrivants. Telle est par exemple la « Texas Land and Immigration C° », qui, chaque semaine, fait partir un homme de confiance avec les émigrants; celui-ci les accompagne, visite avec eux les différentes régions où sont les terres à vendre, enfin conclut les marchés. Ces efforts seront couronnés de succès, mais le progrès se fait lentement, vu l'énorme étendue des territoires.

Étendue géographique.

Le Texas est, en effet, le plus grand des États-Unis, et comprend en surface :

274,366 milles carrés = 713,352 kilomètres carrés, ou 175,000,000 acres = 71,335,200 hectares.

Cet État se divise en trois parties :

1° Les côtes, qui s'étendent de la rivière « Sabine » au « Rio Grande », sur une longueur de 1,000 milles et une largeur de 75 à 100 milles;

2° Le " Texas Central ", dont l'altitude varie de 500 à 800 pieds au-dessus du niveau de la mer ; cette partie comprend toutes les variétés de terrains ; on y rencontre des collines et des vallées, des forêts et des plaines arrosées par des cours d'eau intarissables.

Les côtes et le Texas Central possèdent des terres d'une richesse et d'une fertilité sans égales et un climat salubre ;

3° Les grandes plaines, à l'ouest et au nord-ouest, comprenant une surface de terres fertiles non cultivées plus grande que dans aucune autre région du globe. C'est là qu'habite encore l'Indien, qui chaque jour recule devant la marche progressive de la civilisation ; c'est là aussi que se trouvent, tout à l'ouest, les pâturages des buffles.

Le Texas s'étend de la zone semi-tropicale du golfe du Mexique à la zone tempérée, comprenant ainsi la région des fruits des pays chauds, l'orange, le citron ; la région des champs de riz, de cannes à sucre et de coton ; enfin, au nord-ouest, la région des céréales. Cette partie du nord-ouest est surnommée l'Egypte du Texas.

En 1876, le Texas produit le septième de la récolte totale de coton des États-Unis : plus de 680,000 balles de coton. Le terrain et le climat de l'État sont tellement favorables à la production du coton que le cinquième du territoire pourrait, à lui seul, produire plus de balles que tous les autres pays producteurs de coton réunis, et il y a encore plus de 100 millions d'acres non défrichés.

Récoltes. Coton.

Pour la production des grains, le Texas est fort peu avancé ; cependant des essais ont été faits, et, en 1878, 13 comtés, sur 168 organisés dans l'État, ont produit 7,600,000 boisseaux de blé. Valeur moyenne du boisseau, d. 1. On compte maintenant que 50 comtés sont capables de produire 20 boisseaux de blé par acre chacun. On obtiendrait alors 150 millions de boisseaux de blé.

Céréales.

Les blés et graines de toutes sortes sont envoyés par chemin de fer aux marchés de Kansas City et de Saint-Louis. Ces grands centres de l'Ouest en font des farines qu'ils renvoient au Texas; mais, sous peu, cet État aura des meules et moulins bien organisés.

Le blé du Texas est d'ailleurs recherché; outre ses qualités supérieures, dues évidemment à la richesse du sol, il contient moins d'eau, est plus dense et plus lourd que les blés de l'Ouest; il a de grandes qualités nutritives, et enfin pousse très vite, et arrive de quatre à six semaines en avance sur tout autre dans les marchés.

Bestiaux. Outre les céréales, le coton, etc., le Texas produit d'immenses quantités de bestiaux, qui sont achetés par les habitants des États de l'Ouest, qui les engraissent et les revendent ensuite. On estime que l'État exporte ainsi par an:

        10.000.000 de d. de bestiaux sur pied.
        1.500.000 d. de laine.
        1.800.000 d. de peaux.
        1.300 000 d. de viande de bœuf en barils.

Les autres exportations, fruits, etc., s'élèvent à d. 3,000,000.

Population. La population du Texas était en:

        1850 de......................... 213.000 hab.
        1860............................. 600.000 —
        1870............................. 818.000 —
        (Date du dernier recensement fait aux États-Unis)

On compte aujourd'hui environ 2 millions d'habitants pour un État qui est plus grand que la France! Les Américains ont donc raison de s'efforcer d'attirer les bras des laboureurs dans cet immense pays.

Les taxes sur les propriétés étaient en:

        1850 de.................... d. 51.000.000
        1860.......................... 204.000.000
        1870.......................... 174.818.986
        1875.......................... 275.000.000
        1876.......................... 300.000.000

Il y a là évidemment une marche ascendante et un progrès très rapide.

Centres commerciaux du Texas. Les grands centres du Texas sont:

        Galveston (exportations 1875)........... d. 29.336.526
        —   (importations 1875)...........   35.059.570
        Houston, Dallas, Jefferson, Austin, San Antonio.

La construction des voies ferrées à travers l'État avance rapi- Chemins de fer.
ment. D'ici dix ans, l' "International Railway" traversera
tout l'État jusqu'au Rio Grande et le Mexique. Le "Sunset Railroad" (Galveston, Harrisburgh et San Antonio Railroad) reliera Houston à "Beaumont", et, par suite, réunira la Nouvelle-Orléans à Galveston, etc. Le "Texas Central Railroad"
court jusqu'à la "Red River", et va rejoindre le réseau des
États du Nord-Ouest. Enfin le "Texas and Pacific Railroad"
part de la Louisiane et va jusqu'à "Sherman", dans l'Ouest, à
travers la partie nord du Texas, arrosée par une magnifique rivière, la "Red River". Enfin, dans quelques années, le chemin
de fer du "Southern Pacific" viendra se réunir aux voies ferrées du Texas, et reliera la Nouvelle-Orléans à San Francisco.

L'État du Texas encourage la construction des voies ferrées Privilèges
et concessions
accordés
aux Compagnies
de chemins de fer.
en donnant aux Compagnies 16 sections ou 10,240 acres (4,096
hectares) par mille de voie achevé et prêt à fonctionner.

C'est ainsi que déjà 20 millions d'acres de terres (8 millions
d'hectares) ont été octroyés aux Compagnies de chemin de fer !
C'est un chiffre énorme, mais cette concession est habile; d'abord
les voies ferrées contribueront aux développements des ressources
du pays; puis, au point de vue de l'émigration, les Compagnies
de chemins de fer auront tout intérêt à amener les émigrants, à
qui ils revendent les terres qu'on leur a données, faisant ainsi
des bénéfices prodigieux. Or, c'est justement les hommes, les
bras qui font défaut au Texas, comme en Louisiane et dans les
États de l'Ouest. C'est eux qu'il faut attirer avant tout.

J'ai sous les yeux un discours prononcé à l'Exposition de Philadelphie par le gouverneur du Texas, M. R. B. Hubbard. Ce
gentleman a dit ceci :

« Nous invitons tout le monde à venir au Texas, animés que
» nous sommes d'un sentiment de commune fraternité. Nous
» vous offrons un ciel pur comme celui de l'Italie, et un sol
» d'une fertilité inouïe. Le Texas a besoin d'hommes, d'hommes
» honnêtes, au cœur ferme, aux bras vigoureux, pour peupler
» ses prairies désertes.

» Le Texas, plus grand que le France, peut donner le gîte et

» le pain au même nombre de millions d'habitants. Venez, et
» vous serez les bienvenus. »

Frais d'installation
pour
les émigrants.

Quelles sont les ressources nécessaires aux émigrants pour
s'installer dans leur nouveau pays? Les chiffres sur lesquels je
m'appuie sont pris dans les publications des Compagnies de chemin de fer. Un émigrant et sa famille n'ont besoin que de peu
d'argent de premier établissement. Par la loi du Homestead (la
Constitution de l'État du Texas exempte d'une vente forcée
pour dettes : 1° un Homestead à la campagne, comprenant 200
acres de terre ; 2° un Homestead dans la ville, dont la valeur ne
dépasse pas d. 5,000. Une clause spéciale interdit même à un
créancier de mettre arrêt sur les gages d'un débiteur) les émigrants peuvent obtenir des terres à leur gré et à leur guise,
terres que leur concède le gouvernement, ou encore acheter des
terrains aux Compagnies de chemin de fer ; les prix variant au
Texas de d. 1 50 à 20 par acre.

Voici, d'après les établissements déjà faits, le devis des premières dépenses :

1° *Maison.* — Prix de la construction d'une maison formée de deux
chambres et d'un hangar :

Bois de construction................ d.	100 »	
Clous................................	5 »	
Ferrures............................	10 »	
Portes..............................	6 »	
Travail (journées de)................	50 »	
		171 »
2° Outillage agricole :		
Charrue............................	10 »	
Herse, etc.........................	10 »	
		20 »
3° Animaux :		
Une paire de bœufs................	40 »	
Un cheval..........................	25 »	
Selle, etc..........................	10 »	
Six poulets........................	1 25	
Une vache..........................	12 »	
Une paire de porcs.................	5 «	
		93 25
4° Frais pour enclore une propriété de 40 acres		
par exemple......................	200 »	200 »
5° Provisions pour un an.............	150 »	150 »
Total.............. d.		634 20

Gages.

Donc avec 3,200 francs, un émigrant, sa femme et trois enfants, peuvent se procurer un homestead, et vivre un an, en attendant les premières récoltes. On peut évidemment commencer avec des sommes beaucoup moindres. Certains émigrants, ayant une profession, commencent par se mettre en service; voici, d'ailleurs, les gages généralement payés, au Texas, aux ouvriers :

Gages.

Forgerons (par jour)............... d.	2 50	à	3 50
Maçons —	2 50		3 50
Charpentiers —	2 »		3 »
Cordonniers —	2 »		3 »
Peintres, tailleurs, selliers (par jour)......	2 »		3 50
Imprimeurs —	2 »		3 »
Domestiques de ferme (par mois, avec logement)...............................	13 »		20 »

Enfin, voici les prix des provisions, animaux, etc. :

Prix des provisions, animaux, etc.

Poney espagnol............. d.	15 »	à	30 »
Chevaux américains...................	70 »		150 »
Mules bien dressées..................	70 »		150 »
Bœufs pour engraisser................	15 »		20 »
Vaches grasses......................	15 »		18 »
Vache laitière et son veau.............	12 »		25 »
Viande de bœuf (la livre).......... cents	4 »		8 »
— porc, lard, etc. (la livre).......	9 »		15 »
Maïs (le boisseau)....................	» 50		» »
Avoine —	» 30		» »
Blé — .... d.	1 »		» »
Farine du Texas (les 100 livres)...........	3 50		5 »
Pommes de terre (le boisseau)...........	» 30		» 50
— été, hiver et printemps...	1 »		» 50
Beurre............................	» 15		» 30
Cochon...........................	1 50		3 »
Mouton...........................	2 »		3 »
Paire de bœufs de travail..............	40 »		50 »

Le Texas élève des milliers et milliers de bêtes à cornes, que les éleveurs de l'Ouest achètent et font venir dans les États du « Kansas » et du « Colorado », pour les engraisser.

L'étude de ces États est faite dans les rapports suivants, où j'aurai à traiter de l'importante question de l'élevage et de l'exportation des bestiaux américains.

RAPPORT N° 5

LE MISSISSIPI & SAINT-LOUIS (missouri).

Mai 1879.

Memphis.   Je me suis rendu par rail de la Nouvelle-Orléans à Memphis (Tennessee), malheureuse cité qui, deux mois plus tard, allait être dévastée par la fièvre jaune, et abandonnée par presque la totalité de ses habitants. Là, voulant me rendre compte des relations commerciales du pays et de la navigation sur le grand fleuve que les Américains surnomment le « Père des Eaux », je me suis embarqué sur un steamboat, la *Sainte-Geneviève*, et pendant trois jours et trois nuits j'ai remonté le Mississipi jusqu'à Saint-Louis, laissant derrière moi Memphis, qui expédie beaucoup de cotons et d'huiles de graine de coton, sorte d'intermédiaire entre Saint-Louis, le grand centre de la vallée du Mississipi, et la Nouvelle-Orléans, qui en est le débouché naturel.

Le Mississipi.   Le Mississipi est un fleuve admirable, et les travaux que l'on fait partout pour améliorer son cours et celui de ses affluents doteront les deux tiers des États-Unis du plus puissant moyen de transport à bon marché qui soit au monde. Ce fleuve prend sa source dans le lac « Itasca », par 47° de latitude, et vient se jeter dans le golfe du Mexique par 29° de latitude. Son cours, depuis sa source jusqu'à sa rencontre avec le Missouri, est de 1,330 milles, et, de ce point à son embouchure, de 1,286 milles ; total, 2,616 milles. Avec ses affluents, il arrose l'énorme surface de 1,244,000 milles carrés. Sa profondeur, depuis le point où l'Ohio vient le rejoindre, varie entre 90 et 120 pieds.

    A cette époque de l'année, les eaux étaient assez basses, mais suffisaient amplement : chaque jour, le steamboat s'arrêtait à des landings, villages, etc , pour charger des céréales, bois, bestiaux, etc.; chaque jour, il dépassait ou rencontrait des remorqueurs poussant devant eux de nombreuses „ barges " (sortes de chalands), chargées de marchandises.

La navigation sur le Mississipi présente quelques dangers : les navires employés sont entièrement construits en bois, et les incendies arrivent assez fréquemment; il y a, de plus, les obstacles créés par les eaux mêmes; ainsi les corps-morts ou „ snags ", qui se forment de la façon suivante : les flots du fleuve rongent constamment les rives qui sont plantées d'arbres jusqu'au bord de l'eau. Un arbre tombe, est emporté et roulé par le courant, et arrive parfois à s'ancrer, pour ainsi dire, dans le lit du fleuve, où il s'enracine grâce à des amas de sable qui se font assez rapidement autour du tronc; ses feuilles, ses branches sont arrachées par le courant, et il ne reste bientôt plus que le tronc, souvent caché sous l'eau, et qui devient un terrible moyen de destruction pour tout navire venant se jeter dessus. Actuellement, le gouvernement des Etats-Unis entretient des bateaux spéciaux, dits „ snag-boats ", dont les équipages coupent sur les rives les arbres que les eaux menacent, et s'efforcent de détruire les snags déjà formés.

Navigation du Mississipi.

Corps-morts.

Il y aussi les bancs de sable qui se forment avec une rapidité surprenante : le „ Père des Eaux " charrie une énorme quantité de sable qui, par exemple, à un coude très prononcé du fleuve, se dépose peu à peu, et bientôt forme un banc. Arrive une crue, ledit banc de sable disparaît, souvent comme il est venu.

Bancs de sable

A l'entrée de Saint-Louis, on exécute des jetées comme à l'embouchure du fleuve, près de la Nouvelle-Orléans. Ces jetées coupant le fleuve sur une assez grande longueur, forcent les eaux à se frayer un chenal dans le lit de sable même. Ces jetées, sont formées de deux rangées de pieux fortement enfoncés, et entre lesquels on jette des matelas de branchages et de pierres alternés. On obtiendra ainsi des profondeurs d'eau fort convenables et assurées.

Transports
sur le Mississipi.

Les transports sur le fleuve se font de deux façons :

1° Par « steamboats », qui portent eux-mêmes le fret;

2° Par « tugboats », qui poussent devant eux de grands chalands « barges », où sont entassées les marchandises.

Ce dernier moyen est de beaucoup le plus pratique. Tous ces navires sont en bois, en cyprès, ordinairement.

Saint-Louis.

A Saint-Louis, j'ai visité le Merchant's Exchange, la Bourse des grains, farines et bestiaux. Les négociants sont d'avis que tous les produits de l'Ouest partiront sûrement *via* Nouvelle-Orléans, dès qu'on aura facilité les relations commerciales entre leur ville, la Nouvelle-Orléans et la France. Il faudrait pour cela embarquer de Saint-Louis les marchandises sur des « barges », donner aux négociants un « Through Bill of Lading », connaissement direct de Saint-Louis sur le Havre, par exemple, amener les « barges » le long des paquebots, à la Nouvelle-Orléans, et là transborder le fret.

Tarifs des frets
de Saint — Louis
à New-York
et à
la Nouvelle-Orléans

Pour les frets de Saint-Louis à la Nouvelle-Orléans, voici les prix que je tiens d'une Compagnie, la « Mississipi Valley Transportation Cº Saint-Louis et Nouvelle-Orléans Freight Line », qui envoie ses « barges » à la Nouvelle-Orléans. Je donne les tarifs de chemin de fer sur New-York comme point de comparaison :

1° Les chemins de fer, qui se font une concurrence acharnée en ce moment, prennent pour New-York :

Pour la farine... 40 cts par baril de 200 à 220 livres ;
— les grains.. 20 cts par 100 livres.
Les prix ordinaires sont 70 cts et 28 cts.

2° La « Mississipi Valley Transportation Cº » prend pour la Nouvelle-Orléans :

Pendant les mois d'avril, mai, juin, juillet. 25 à 30 cts par baril de farine.
— août, sept., octob., nov. 40 à 50 cts —
— déc., janv., fév., mars.. 50 à 25 et 30 cts —

Pour les grains, les prix ci-dessus doivent être diminués de moitié pour chaque 100 livres de grains, c'est-à-dire :

Pendant avril, mai, juin, juillet. 12 cts à 15 cts par 100 livres de grains.
— août, sept., oct., nov. 20 cts à 25 —
— déc., janv., fév., mars. 25 cts à 15 —

J'ai eu l'honneur de faire la connaissance de M. C.-P. Chou- M. C.-P. Chouteau.
teau, le petit-fils du fondateur de la ville de Saint-Louis (en 1764), et certainement le premier industriel et négociant de la cité. M. Chouteau possède la fameuse Montagne-de-Fer, située à 90 milles de Saint-Louis, et dans la ville même, des forges, ateliers de laminage, hauts-fourneaux, aciéries Bessemer, chantiers de construction de navires, steamboats, etc.

M. Chouteau est convaincu que tout le commerce des États-Unis à l'ouest et au nord-ouest de Saint-Louis, sans parler de tout le reste de la vallée du Mississipi, viendra converger, fatalement un jour, au port de la Nouvelle-Orléans, en prenant les routes naturelles, les fleuves et rivières, etc., passant par Saint-Louis. On peut, en effet, envoyer un bateau :

De Saint-Louis à Saint-Paul .... distance, 800 milles au N.
— Fort Benton .... — 3.000 — N.-O.
— Kansas City......... — 400 — O.
— Fort Smith......... — 1.200 — S.-O.
— Nashville........ — 470 — S.-E.
— Pittsburg......... — 1.200 — E.
— Nouvelle-Orléans .... — 1.250 — S.

8.320 milles.

Plus de 15,000 kilomètres de voies navigables, pendant plus de dix mois de l'année, pour des navires calant six pieds d'eau. Que faut-il donc pour que le transport par eau, qui est évidemment le plus économique de tous, accapare tous les produits de la riche vallée du Mississipi? Deux choses, d'après M. Chouteau :

1° Une ligne régulière de paquebots desservant le port où le Mississipi se jette dans la mer;

2° Sur les rivières, des navires, bien contruits, pour attein- Projets de navires pour le Mississipi.
dre le but voulu. Il déclare les bateaux en bois dangereux, et veut des tug-boats et des barges entièrement en fer avec cloi-

sons étanches. Plus de danger d'incendie, grande résistance aux
" corps morts " du fleuve, bateaux plus légers et calant moins
d'eau, tout en portant plus de fret; durée plus longue des navires employés (un navire en bois est usé en dix à douze ans).

Toutes ces conditions économiques permettraient de réduire
encore les taux des frets et d'accaparer le transport de tous les
produits d'exportation.

J'ai visité, à Saint-Louis, d'immenses parcs à bestiaux venus
de l'Ouest et réexpédiés ensuite à New-York, des Pork Houses,
où, en six minutes, un malheureux porc passe de vie à l'état de
jambon; des élevateurs de grains, etc. J'ai réuni, d'après les
rapports officiels, les chiffres suivants sur le commerce de la
ville pendant l'année 1878.

Commerce
de Saint-Louis.

Voici d'abord le relevé des marchandises reçues et expédiées
ensuite par Saint-Louis pendant les quatre dernières années :

1° RÉCEPTIONS (produits de l'intérieur)

	1878	1877	1876	1875
Par chemins de fer.. tonnes.	3.785.307	3.464.388	3.431.320	3.232.770
Par fleuves et rivières......	714.700	644.485	688.755	663.525
Totaux en tonnes....	4.500.007	4.108.873	4.119.975	3.896.295

2° EXPÉDITIONS

	1878	1877	1876	1875
Par chemins de fer.. tonnes.	1.880.559	1.652.850	1.659.950	1.301.450
Par fleuves et rivières	614.675	596.670	600.225	639.095
Totaux en tonnes....	2.495.234	2.250.520	2.260.175	1.940.545

Ces chiffres montrent bien combien les moyens de transport
par eau sont imparfaits, et ce qu'il y a à faire dans ce sens.

MOUVEMENT COMMERCIAL

PRINCIPAUX ARTICLES		1877	1878
Farine (manufacture à Saint-Louis)......	boisseaux...	4.156.249	5.550.168
Blé (réception totale)................	— ...	8.274.151	14.325.431
Maïs —	— ...	11.847.771	9.009.723
Avoine —	— ...	3.124.721	3.882.276
Seigle —	— ...	472.909	845.932
Orge —	— ...	1.326.490	1.517.292
Grains de toutes sortes (y compris le blé transformé en farine)................	boisseaux...	30.835.700	36.107.334
Cotons (réceptions)................	balles......	217.734	338.340
Foin —	bal. 400 liv.	322.334	330.981
Tabac —	boucauts....	28.064	25.870
Produits de porc (expéditions)...........	livres.......	176.134.708	188·529.593
Bêtes à cornes (réceptions).............	têtes........	411.969	406.235
Moutons —	—	200.506	168.095
Porcs vivants —	—	896.319	1.451.634
Chevaux et mules —	—	22.652	27.878
Laines —	livres.......	15.521.975	16.469.816
Peaux —	—	20.001.031	17.129.894
Café —	sacs.......	196.099	201.080
Sucre —	livres.......	93.612.572	106.836.225
Mélasse (expéditions)................	gallons.....	1.688.608	1.844.280
Charbon —	boisseaux...	35.856.850	33.057.300

Ces chiffres montrent que le commerce de Saint-Louis s'accroît chaque jour. L'année 1879 sera encore meilleure que 1878.

Voici maintenant quelques chiffres sur les exportations de Saint-Louis, *via* Nouvelle-Orléans, qui ont pris, depuis 1877, une grande importance et exigent maintenant dans ce port des navires de grand tonnage :

EXPÉDITIONS DE GRAINS DE SAINT-LOUIS A LA NOUVELLE-ORLÉANS DEPUIS NEUF ANS

	BLÉ	MAÏS	SEIGLE	AVOINE	TOTAUX
	boisseaux	boisseaux	boisseaux	boisseaux	boisseaux
1878............	1.876.639	2.857.056	609.041	108.867	5.451.603
1877............	351.453	3.578.057	171.043	»	4.101.353
1876............	37.142	1.737.237	»	»	1.774.379
1875............	135.961	172.617	»	»	308.578
1874............	365.252	1.047.794	»	10.000	1.423.046
1873............	»	1.373.969	»	»	1.373.969
1872............	»	1.711.039	»	»	1.711.039
1871............	»	309.077	»	3.000	312.077
1870............	66.000	»	»	»	66.000

Je copie, à ce sujet, une phrase du rapport du secrétaire du Merchant's Exchange :

« *The practicability and cheapness of this water way to the*
» *markets of the world is now an established fact, and the*
» *inexorable laws of trade will in the near future make New-*
» *Orleans the great point of export for the surplus products*
» *of the Mississipi Valley* » (1).

C'est surtout dans les exportations pour ports américains ou étrangers que le commerce de Saint-Louis a fait de grands progrès. Pour l'année 1878, les chemins de fer ont exporté de Saint-Louis pour :

	COTON	FARINES	VIANDES	LARDS ET GRAISSES	BLÉ
	balles	barils	livres	livres	boisseaux
Liverpool............	121.148	96.996	2.493.470	808.800	11.266
Londres	»	16.307	76.875	10.000	»
Bristol	»	105	109.600	223.135	»
Glasgow	»	67.348	4.500	33.000	»
Le Havre	4.257	115	200.347	»	»
Brême..............	1.055	10	253.436	29.760	»
Hambourg	1.510	77	101.000	»	»
Gênes.............	1.201	»	»	»	»
Anvers	550	13.845	2.297.645	330.000	»
Rotterdam	»	1.700	92.965	33.000	»
Amsterdam	»	585	»	»	»
New-York pᵣ export.	»	700	1.849.711	»	»

Tous ces produits ont été embarqués dans des ports de l'Atlantique.

Au total, les chemins de fer ont exporté de Saint-Louis pour lesdits ports :

      129.821 balles de coton ;
        7.349 boucauts de tabac ;
      265.968 barils de farine ;
    8.713.706 livres de viande ;
    1.500.756 — de graisses, lards, etc. ;
      16.188 boisseaux de blé.

(1) Les facilités et le transport à bon marché offerts par cette voie naturelle (le Mississipi), aboutissant à tous les marchés du monde, sont clairement démontrés, et les lois inexorables du commerce feront, dans l'avenir, de la Nouvelle-Orléans le débouché du surplus de la vallée du Mississipi.

Enfin, les exportations de Saint-Louis par rail ont été (ports de l'Atlantique) :

Pour l'Angleterre, de.. tonnes. 50.740
  — l'Ecosse, de 6.935
  — l'Allemagne, de 1.190
  — la France, de 210
  — l'Italie, de 300
  — la Belgique, de . . . . 3.495, etc.; au total.. tonnes. 72.091

Et *via* Nouvelle-Orléans (rails et bateaux) :

Pour l'Europe. 154.060

                    Total. . . . . tonnes. 226.151

En 1875, Saint-Louis exportait, par rails. . . . . tonnes. 16.8 ??
     —   —   *via* Nouvelle-Orléans 6.857

                    Total. . . . . tonnes. 23.682

RAPPORT N° 6

KANSAS CITY (MISSOURI).

L'État du Kansas

Juin 1879.

En une nuit, le train du „ Missouri Pacific R. R. ” m'a transporté de Saint-Louis à Kansas City, à travers le bel État du Missouri.

Kansas City.

Ce qui m'a frappé tout de suite à „ Kansas City ”, c'est l'importance que prend cette ville, qui deviendra, avec „ Saint-Louis ” et „ Chicago, un des grands centres de tout le commerce de l'Ouest; et cela se comprend en réfléchissant qu'à l'ouest de la ville se trouvent les fertiles prairies du „ Kansas ”, qui, produisant en 1878 32,315,361 boisseaux de blé et 89,327,921 de maïs, ont donné à l'État du Kansas le premier rang pour la production du blé aux États-Unis, et le quatrième pour celle du maïs; que, plus à l'Ouest, est situé le „ Colorado ” avec ses vastes ressources minérales et ses prairies, qui engraissent, comme celles du Kansas, des milliers de bêtes à cornes; qu'au sud de la ville et de l'État du Kansas, l'on rencontre d'abord le „ Territoire Indien ”, et, plus bas, le „ Texas ”, vastes contrées encore peu développées, mais ayant un avenir magnifique. En ajoutant, enfin, qu'une partie considérable du „ Missouri ” et de l' „ Iowa ”, et que tout l'État de „ New-Mexico ” sont tributaires du Kansas City, on peut se faire une idée du développement rapide et forcé de cette ville. Il faut noter aussi combien les centres de production et de commerce marchent vite vers l'Ouest, à mesure que les nouveaux États se peuplent d'émigrants. Certes, l'Amérique du Nord est un grand pays; mais plus je vois, plus j'étudie, et plus je suis certain qu'elle doit tout au vieux monde, à l'Europe; d'abord à la France, qui a combattu à côté des Américains pour leur indépendance (les noms de Lafayette et de Rochambeau sont immortels comme celui de Georges Washington), et que l'on retrouve partout : à la Nouvelle-Orléans, à Saint-Louis, à San Francisco, autant de grandes villes, dont les premiers habitants étaient des Français et ont créé des prodiges; puis à toutes les nations européennes : Allemagne, Irlande, etc., qui lui envoient des hommes et de l'argent, et peuplent rapidement ses déserts. L'émigration est la cause de la puissance et de la richesse des États-Unis.

En 1865, Kansas City, contenait 5,000 habitants, et n'était relié à l'Est que par une seule voie ferrée.

Développement rapide de Kansas City.

En 1870, la ville a 33,000 âmes, et actuellement près de 60,000. C'est la tête de ligne de douze voies ferrées sur lesquelles quinze trains de Compagnies différentes entrent dans la cité. La ville est très heureusement située au confluent du Missouri River et du Kansas River; sur la rive droite du grand affluent du Mississipi se trouve toute la portion industrielle et commerciale de la ville; le quartier des maisons d'habitation est sur des collines qui dominent le Missouri, appelées ici des « bluffs ».

En 1878 seulement, 800 maisons se sont construites rapidement, et la cité entière est évaluée à d. 10,397,400.

Le « Clearing House » de Kansas City, en 1878, a eu à s'occuper d'affaires se montant au total de d. 41,005,400.

Aussitôt arrivé à Kansas City, j'ai visité le « Live Stock Exchange » et le Stock Yards ».

Le « Live Stock Exchange » est un très beau bâtiment où se trouvent deux banques et trente-quatre bureaux des commissionnaires s'occupant de l'achat et de la vente des animaux.

Live Stock Exchange.

Les éleveurs de bestiaux envoient leurs bêtes dans le « Stock Yard », parc à bestiaux, qui est situé à côté de la Bourse même. Le parc pour bêtes à cornes couvre une superficie de 20 acres

Stock Yard.

(8 hectares). Il est divisé en compartiments par des barrières en bois de 2 mètres de haut environ, sur lesquelles on a établi des passerelles permettant de circuler tout autour des animaux et de bien les examiner.

Le parc et les bâtiments pour moutons et porcs couvrent 125 acres (80 hectares); enfin, des écuries sont réservées pour les chevaux et mules, ainsi qu'un champ de courses d'essai appelé „ Riverview Park ".

Cet ensemble de parcs forme un établissement modèle, situé sur la rive du Kansas River; les compartiments où sont logés les bestiaux sont tenus fort proprement : de l'eau courante passe partout à la disposition des animaux, qui se trouvent dans d'excellentes conditions.

De plus, des voies ferrées longent les parcs : on amène les wagons devant les portes des enceintes à bestiaux, des plans inclinés arrivent juste à la hauteur du plancher du wagon, et permettent d'embarquer ou de débarquer les animaux sans fatigue et sans accidents.

Le marché de bestiaux de Kansas City, quoique plus récent (1871) que ceux de Saint-Louis et Chicago, acquiert chaque jour une influence de plus en plus grande sur tout l'Ouest. Voici un relevé, mois par mois de l'année 1878, des réceptions de bestiaux sur cette place :

	BÊTES A CORNE	PORCS	MOUTONS	CHEVAUX
Janvier	6.415	72.864	2.079	454
Février	10.062	54.694	5.040	1.089
Mars	8.353	22.075	3.924	1.642
Avril	12.776	28.680	4.987	1.357
Mai	8.930	25.842	3.460	1.264
Juin	9.726	27.182	2.529	642
Juillet	17.284	24.387	1.801	509
Août	18.482	17.769	4.063	619
Septembre	29.039	12.791	1.466	971
Octobre	31.955	23.106	5.476	638
Novembre	16.373	44.728	1.600	544
Décembre	5.999	73.659	275	773
	175.344	427.777	36.700	10.796

Les expéditions sont détaillées dans le tableau suivant :

	BÊTES A CORNE	PORCS	MOUTONS	CHEVAUX
Janvier..........................	6.461	72.115	2.164	452
Février...........................	9.987	54.086	4.996	1.112
Mars..............................	8.616	22.866	3.657	1.660
Avril..............................	12.749	28.786	5.347	1.287
Mai...............................	8.816	25.957	3.335	1.334
Juin..............................	9.787	26.445	2.505	624
Juillet...........................	17.050	25.243	1.818	526
Août..............................	18.850	18.059	3.892	600
Septembre.......................	27.262	11.893	1.520	948
Octobre...........................	33.153	23.035	4.989	602
Novembre.........................	17.230	15.574	2.052	625
Décembre.........................	5.588	72.296	737	1.024
	175.549	426.335	37.012	10.794

RÉCEPTIONS ET EXPÉDITIONS DE BESTIAUX
SUR LE MARCHÉ DE KANSAS CITY (STOCK YARDS) DE 1868 A 1878

Réceptions

	BÊTES A CORN.	PORCS	MOUTONS	CHEVAUX
1868.......................	4.200	13.000	»	»
1869.......................	4.450	23.000	»	»
1870.......................	21.000	36.000	»	»
1871.......................	120.827	41.036	4.527	809
1872.......................	236.802	104.639	6.071	2.648
1873.......................	227.689	221.815	5.975	4.202
1874.......................	207.080	212.532	8.875	3.679
1875.......................	181.114	63.350	25.327	2.646
1876.......................	183.378	153.777	55.045	5.329
1877.......................	215.768	192.645	42.190	4.279
1878.......................	175.344	427.777	36.700	10.796

Expéditions

	BÊTES A CORN.	PORCS	MOUTONS	CHEVAUX
1868.......................	»	»	»	»
1869.......................	»	»	»	»
1870.......................	»	»	»	»
1871.......................	120.794	40.102	4.527	809
1872.......................	236.799	104.399	6.071	2.648
1873.......................	227.666	220.574	5.951	4.202
1874.......................	207.069	212.274	8.877	3.685
1875.......................	174.111	63.096	25.310	2.635
1876.......................	183.256	153.180	54.829	5.321
1877.......................	215.771	193.204	42.333	4.296
1878.......................	175.549	426.355	37.012	10.794

Provenance
des bestiaux.

Les bêtes à cornes que l'on trouve sur ce marché sont de qualités différentes suivant leur provenance. Il y a d'abord ce que l'on appelle les „ Native " du Kansas et du Colorado (le „ Wyoming ", l' „ Utah " et l' „ Oregon ", envoient aussi leurs bœufs sur cette place). Ce sont les bœufs nés dans les États, et que l'on engraisse dans les prairies. On a commencé à améliorer la race en la croisant avec des taureaux Durham, importés d'Europe, et on a déjà de très beaux produits : tête et membres fins, ossature légère, peau douce et fine; excellente viande de boucherie.

Bœufs du Texas.

Outre les „ Native " (et les Native croisés), il y a ce qu'on appelle les „ Texan Cattle " ou bœufs du Texas, qui, ainsi que je l'ai dit, sont amenés du Texas dans le Kansas et le Colorado. Voici quelques chiffres à ce sujet :

En 1868, on amena du Texas.....	75.000	têtes de bétail.
1869, —	350.000	—
1870, —	300.000	—
1871, —	600.000	—
1872, —	350.000	—
1873, —	405.000	—
1874, —	166.000	—
1875, —	151.618	—
1876, —	322.000	—
1877, —	201.200	—

Les éleveurs achètent ordinairement des bœufs de un à deux ans, les laissent paître librement dans les prairies sur les (Public Lands) terres publiques, sans aucun frais, et les revendent à l'âge de trois, quatre ans et de cinq ans au plus.

Il y a deux époques dans l'année où le marché est surtout actif : au printemps, l'on vend alors les bœufs bien engraissés l'hiver, et en automne, où l'on livre les bœufs arrivés à un bon état d'engraissement le dernier été.

Animaux
d'exportation.

J'ai causé avec plusieurs commissionnaires de l'exportation des bestiaux américains; j'ai appris par eux que l'on ne peut exporter le bœuf „ Native ", ou celui du „ Texas ", qui n'a été nourri que des herbes des prairies : ce bœuf donne une viande délicieuse pourtant, mais ne peut supporter un long voyage; il maigrit tout de suite et arrive au point de destination dans un état pitoyable. Il faut, d'après ces messieurs, prendre des bœufs nourris pendant l'hiver dans les ranchos, de fourrages, de matières sèches, maïs, etc.; les tourteaux d'huile de graine de coton, employés si heureusement en Angleterre, feraient merveille ici, je crois. Le meilleur animal pour l'exportation est le bœuf croisé Durham; c'est aussi l'animal qui se vend le plus cher.

Les prix varient de 2 cents à 5 et à 5.5 la livre sur pied. Il est impossible de fixer un prix, vu les fluctuations quotidiennes du marché.

Pour terminer ces détails sur les bestiaux, voici un tableau montrant le nombre de bestiaux possédés en 1877-78 par les États tributaires du marché de Kansas City :

ÉTATS	BÊTES A CORNES	POROS	MOUTONS	CHEVAUX	MULES ET ANES
Missouri	1.462.457	2.535.281	1.103.968	648.607	184.363
Kansas	775.918	697.186	204.188	240.870	32.470
Nebraska	276.203	173.971	57.137	102.473	9.540
Colorado	390.728	6.131	691.410	47.358	4.928
Wyoming.	150.000	»	100.000	»	»
Texas	3.072.396	1.414.041	1.432.431	895.868	4.425
	6.127.702	4.826.610	3.589.034	1.935.176	235.753

Il est bon d'ajouter que les bestiaux de l'Ouest arrivent en parfaite santé sur le marché de Kansas City, et n'ont aucune des maladies, pneumonie, typhus, dont on parle en Europe; parfois les animaux arrivent malades à New-York; alors, c'est la chaleur, la fatigue, le manque d'eau, qui les ont exténués. De même, pendant la traversée de l'Atlantique, qui se fait dans des conditions assez mauvaises, que j'analyserai en traitant de l'exportation des bestiaux.

L'élevage de bestiaux dans l'Ouest est, à mon avis, une excellente affaire, aujourd'hui que l'alimentation de l'Angleterre, de la France, et presque de toute l'Europe par les États-Unis, est à l'ordre du jour.

Elevage des bestiaux dans l'ouest.

Ces affaires se résument en ceci : acheter des terrains, soit au gouvernement américain, soit aux Compagnies de chemins de fer, et s'y construire un établissement agricole; acheter des bœufs du

Texas, par exemple, de deux ans au plus, et les ramener s'en graisser pendant un an ou deux sur les prairies publiques de l'État que l'on habite.

Je suppose que l'on achète des bœufs de un an, et qu'on les engraisse pendant deux années :

1,000 jeunes bêtes du Texas, à d. 8 par tête, coûteront d. 8,000. Au bout de deux ans, on les revend, âgées de trois ans, et pesant 925 livres environ, ce qui donne, par tête, un prix de 3 cents la livre, à Kansas City (prix très faible) d. 27.75 par tête. On estime à d. 2 ou d. 3 les dépenses, par tête, pendant l'année d'engraissement, et les pertes d'animaux, par morts, accidents, etc., à 2 0/0 par an.

```
Les dépenses seront donc pour 1,000 bêtes pendant 2 ans,
    à d. 2 50 par tête et par an......................  d.  5.000
Les frais d'expédition et de vente sur le
    marché de Kansas City sont par  tête :
Fret de chemin de fer....................  d.  2  »
Commission de vente.....................      50
Frais de parcage..........................      20
                                            ─────────
                       Total........  d.  2.70
Il y a de plus perte de 2 0/0 par an, soit 40 bœufs payés
    d. 8, perdus sur 1.000, en 2 ans................  d.     320
Les frais seront donc pour 960 têtes................       2.592
Si nous ajoutons le prix d'achat....................       8.000
                                                      ─────────
             Nous avons au total des dépenses......  d.  15.912
                                                      ═════════
Les recettes se composent de la vente de 960 bœufs à
    d. 27 50 soit....................................  d.  26.400
```

Le bénéfice net pour deux années sera donc de d. 10,488, presque 53,000 fr., pour un capital engagé de d. 13,000, ou 67,600 fr. C'est un bénéfice de plus de 40 0/0 par an pendant l'engraissement.

Préparation des viandes. Kansas City possède plusieurs manufactures où l'on abat les animaux et prépare leurs viandes pour conserves. Telle est l'usine « Plankinton and Armour's Beef and Pork packers », où l'on vient de construire d'immenses glacières permettant de travailler été comme hiver, ce qui est un grand perfectionnement dans cette industrie. Les bœufs sont tués d'un coup de feu dans la tête, et les porcs saignés. Le porc est partagé en deux parties qui, chacune, fournit trois pièces : le jambon, la poitrine et l'épaule.

Il faut noter que Kansas City est la première ville du monde au point de vue de la préparation des viandes de bœuf, et tient le septième rang aux États-Unis pour celle des porcs :

	Bœufs	Porcs
Pour l'année 1877 les usines ont préparé...	27.863	180.357
— 1878 —	18.756	349.097

Enfin, on s'occupe aussi de l'expédition de viandes fraîches dans des wagons réfrigérateurs. La maison Nossinger, Harper et Cⁱᵉ y trouve des bénéfices, et envoie ainsi des viandes dans les villes de l'Ouest, quoique les essais faits l'été dernier aient été peu satisfaisants.

En 1877, elle a abattu et expédié comme viandes fraîches 10,754 bœufs.

Au point de vue des grains, Kansas City est coté comme tenant le dixième rang parmi les marchés de grains américains.

On a construit ici une Bourse des grains, le „ Merchant's Exchange ", et sept grands élévateurs, ainsi que plusieurs fort beaux moulins à farine.

Commerce des grains.

La ville a reçu :

ANNÉES		BLÉ	MAÏS	AVOINE	SEIGLE	ORGE
1877	Boisseaux....	2.259.572	5.881.703	180.057	329.887	203.341
1878	—	9.014.291	4.911.509	155.089	332.262	163.257

Pour l'année 1877 les chemins de fer ont apporté dans la ville 1.852.900.694 kilogr.
Et emporté 1.621.900.538 —

Il y a, de plus, un assez grand mouvement sur le Missouri et les rivières ; 52 voyages ont rapporté d. 51,620.

Il me reste à considérer l'État du Kansas au point de vue de l'émigration :

L'émigration dans l'Ouest.

Je suis parti de Kansas City, et ai traversé le sud-ouest de l'Etat et ses prairies, suivant le Kansas River, puis l'Arkansas River jusqu'à „ Sargents ”, où l'on entre dans le Colorado; dans cet Etat je me suis arrêté à „ Pueblo ”. Tout le long de ce chemin de fer „ Atchison, Topeka et Santa Fé Railroad ” sont échelonnées des villes, les unes déjà formées, les autres naissantes. Ce sont autant de centres de culture et d'élevage de bestiaux. Çà et là, des mines de charbon, très riches paraît-il, mais grossièrement exploitées. Dans les prairies, de longues files de chariots traînés par des bœufs, mules ou chevaux. Ce sont les émigrants qui se rendent sur les terres achetées par eux. Une fois

Formation des villes de l'Ouest. là, la première demeure est une tente, parfois même le chariot, le „ schooner ”, qui a roulé à travers les prairies, aux longues ondulations monotones et tristes. Les bestiaux amenés sont lâchés et paissent aux environs du campement. L'on défriche tout de suite un coin de terre où l'on sème du blé, du maïs, des légumes, pour subvenir aux premiers besoins. Bientôt, la vente des bestiaux gras et des récoltes permet de construire une maison en bois. De nouveaux colons arrivent à côté des premiers : un cabaret se fonde, parfois même un hôtel ; une modeste église est bâtie, et souvent, avant l'église même, une école, où les enfants vont s'instruire..... Et voilà une nouvelle ville américaine éclose à la surface de la terre.

Le Kansas n'a encore que 850,000 habitants, et occupe une surface de 52,043,520 acres, soit 20,817,408 hectares, dont le huitième environ seul est cultivé : 6,538,728 acres ou 2,615,491 hectares.

Les Compagnies de chemins de fer, ici comme dans le Texas, attirent les émigrants. La ligne d'„ Atchison T. et S. F. R. R. ” a obtenu une concession de 3,200,000 acres, soit 1,380,000 hectares, dont elle a déjà revendu une grande partie.

Toutes les terres des États-Unis ont été divisées en carrés, dits „ Townships ”, subdivisés eux-mêmes en 36 sections; toutes des carrés rectangulaires, qui contiennent 640 acres de terre. Ces sections sont numérotées de 1 à 36, en commençant dans l'angle nord-est, et finissant par 36 dans l'angle sud-est du Township. Ces divisions facilitent les ventes de terrain.

Les prix des terres de la Compagnie varient de d. 1.75 à d. 9 l'acre. Les conditions de vente de ces terres, qui jouissent des bénéfices de la loi du « Homestead » (une terre de Homestead, je le répète, ne peut être saisie pour aucune espèce de dette ; elle représente le domicile inviolable du citoyen américain où aucun fonctionnaire civil ou militaire ne peut pénétrer qu'en vertu d'un mandat de la loi), comprennent trois systèmes :

N° 1. Onze ans de crédit avec 7 0/0 d'intérêt. Payement immédiat d'un dixième du prix d'achat, et de l'intérêt du reste pour un an. Pour la deuxième et troisième années, payement des intérêts annuels. Pour les autres années, payement d'un dixième du prix d'achat, avec les intérêts de tous les versements restants, jusqu'à ce que le payement entier soit opéré.

N° 2. Six ans de crédit et 7 0/0 d'intérêt. L'acheteur gagne alors près de 20 0/0 du prix d'achat.

N° 3. Deux ans de crédit et 10 0/0 d'intérêt à payer. On gagne un escompte de 30 0/0.

Enfin, il y a le cas où l'acheteur paye son achat comptant; il a alors un escompte de 33 1/3 0/0.

Aussitôt le payement effectué, l'acheteur reçoit de la Compagnie un titre de possession (Warranty Deed); jusque-là, il n'a qu'un contrat qui lui garantit la terre, tant que les payements convenus seront régulièrement faits.

RAPPORT N° 7

Le Colorado — Mines d'or et d'argent — Denver

Juin 1879.

Développement rapide du Colorado.

Le Colorado est réellement un des plus beaux États de l'Amérique que j'aie visités, possédant des ressources agricoles, grâce à ses prairies et ses plateaux fertiles, et des ressources minérales dans la magnifique chaîne des Montagnes Rocheuses. Le développement du Colorado s'effectue très rapidement.

En 1876, le Colorado passait au rang d'*État*. De là, son nom de „Centennial State", 1876 étant le centenaire de l'Indépendance américaine. Aujourd'hui, cet État possède six lignes de chemins de fer, avec une longueur totale de voie ferrée de 1,200 milles, soit 1,900 kilomètres. La population est de plus de 200,000 âmes.

Production.

Voici la statistique des produits du Colorado pour l'année 1877 ;

		QUANTITÉS		VALEUR
Blé	boisseaux.	1.750.000	d.	1.837.500
Maïs		250.000		187.500
Avoine		125.000		75.000
Orge		200.000		150.000
Pommes de terre		325.000		262.500
Foin	tonnes.	100.000		1.250.000
Produits de jardin		»		100.000
Laine	livres.	5.000.000		900.000
Peaux		»		280.000
Articles manufacturés		»		5.988.209
Total		»	d.	10.930.709

PRODUITS DES MINES

ANNÉES		ARGENT ET OR
1873	d.	4.070.000
1874		5.362.000
1875		5.430.000
1876		6.991.247
1877		7.913.441

Détail pour l'année 1877

Or	d.	3.151.277
Argent.......................		3.197.861
Minerai expédié		1.564.273
Total............	d.	7.913.411

Il faut ajouter :

Charbon (213.077 tonnes).......	d.	1.065.385
Total............	d.	8.978.796

En 1878, les mines ont produit environ d. 9,000,000, ce qui donne un total de plus de d. 80,000,000 au 1er janvier 1879, depuis la découverte des minérais dans l'État du Colorado.

Après avoir visité Pueblo et les Montagnes Rocheuses, je me suis rendu à Denver City, jolie ville de 25,000 âmes, échouée dans les prairies au pied des Montagnes Rocheuses, et où, pendant le mois de mai dernier seulement, 15,000 individus sont arrivés dans les différents hôtels.

Ceci donne une idée du mouvement des émigrants et des spéculateurs dans l'Ouest.

À Denver, j'ai visité une usine de réduction des minérais précieux, « Argo Smelting Works », et suis allé visiter, à George Town, une mine, le « Pelican Wells » Minerai, galerie argentifère, contenant du fer et un peu de zinc.

Il y a à noter l'immense mouvement des mineurs sur « Leadville », où l'on vient de trouver de nouveaux gîtes très riches. Le district de Leadville, qui, en 1876, ne donnait que d. 19,500 de métaux précieux, et, en 1877, d. 540,880, a produit, en 1878, la somme de d. 2,719,379, distribuée comme suit : *(Mouvement actuel sur Leadville.)*

Or (extrait des placers)..........	d.	100.000 »
Or (extrait des carbonates).......		17.946 »
Argent........................		2.206.879 18
Plomb........................		394.553 93
Total............	d.	2.719 379 11

On s'attend, d'ailleurs, à voir le Colorado dépasser la Californie dans la production des métaux précieux.

RAPPORT N° 8

La Californie — San Francisco — Les Mines d'or et d'argent

Juin-Juillet 1879.

Population. Lors du dernier recensement fédéral, en juin 1870, la Californie comptait 560,247 habitants (dont 48,823 Chinois); en 1879, on estime à près de 900,000 âmes la population de cet État; « San Francisco " possède environ 300,000 habitants.

La surface totale de la Californie est de 100,000,000 d'acres, 40,000,000 hectares, dont :

30.000.000	(12.000.000 hectares)	appartiennent à des particuliers ;
7.000.000	(2.800.000 —	sont entourés de barrières et clos ;
4.000.000	(1.600.000 —	cultivés (les 9/10 en céréales);
81.000	(32.800 —	plantés de vigne.

Etendue. Terrains de culture. La Californie possède :

2.500.000 arbres fruitiers de climats tempérés (pommiers, pruniers, poiriers, abricotiers, pêchers, cerisiers);
300.000 arbres fruitiers de climats tropicaux (orangers, citronniers, figuiers, oliviers, etc.);
400.000 amandiers et noisetiers.

Ces chiffres expliquent l'importance du commerce des fruits dans cet État, que les habitants de la Californie déclarent, à tort à mon avis, meilleurs que nos fruits français. Il n'est pas inutile d'ajouter ici que les Chinois, laborieux travailleurs, que les Californiens veulent rejeter de parmi eux, sont d'excellents jardiniers, et font faire de grands progrès à la culture des arbres fruitiers.

Industrie. Au point de vue industriel, la Californie possède :

4.400 milles de tranchées d'exploitations minières ;
260 moulins broyant les quartz aurifères ;
300 scieries ;
140 moulins à farines.

Le voyageur, arrivant de l'Est par l' „ Overland Train ", traverse tout l'État de Californie, pour se rendre à San Francisco. En franchissant la chaîne de la Sierra Nevada, il rencontre les vastes exploitations de sables et graviers aurifères, et aperçoit les puissants „ monitors " qui, à coups de jets d'eau, font ébouler les collines éventrées et en lavent les débris; il voit là aussi les moulins qui débitent les arbres des forêts qui couvrent les montagnes.

Pénétrant ensuite dans l'intérieur de l'État, il se trouve dans les fertiles plaines de la magnifique vallée du Sacramento. L'œil ne découvre que d'immenses champs de blé doré par le soleil; çà et là, des fermes et de nombreux moulins à vent, qui servent à élever l'eau et à irriguer les champs.

Enfin, le voyageur arrive devant l'admirable baie qui fait l'orgueil de San Francisco, et retrouve là toute l'agitation et tout le mouvement d'affaires de New-York.

Différents aspects de la Californie pour le voyageur arrivant des États de l'Est.

En 1878, la Californie a produit 22,500,000 „ centaux " de blé; le „ cental " vaut 100 livres, et sert de mesure pour les céréales, au lieu du „ bushel " ou boisseau employé dans tous les autres États; cette mesure rationnelle sera, dit-on, universellement employée dans les États-Unis au 1er janvier 1880. Les chambres de commerce des grandes villes ont nommé des commissions qui étudient la question; c'est là un premier pas vers notre système métrique.

Production.

L'exportation de blé et de farine a été de 9,530,673 centaux en 1878, et de 100,000,000 centaux depuis 22 ans (1857-1878).

Blés et farines.

Les mines ont produit l'année dernière :

85.000.000 doll. en or et argent ;

Et depuis 1848 :

1.589.500.000 doll. en or et argent.

Si l'on ajoute à ce nombre la production en argent des États

Métaux précieux

et territoires à l'Ouest de la rivière Missouri depuis 1858, qui est de d. 408,000,000, on arrive à l'énorme total (1848-1878) de : 1.997.500.000 doll.

Les exportations en or et argent, depuis 22 ans, ont été de : 890,811,400 doll.

La Monnaie de San Francisco a frappé des espèces représentant d. 50,186,500 (1878), ce qui donne de 1854 à 1878 (31 décembre) : 552.061.000 doll.

A ce sujet, les quatre Monnaies des États-Unis sont établies à « Philadelphie », « New-Orleans », « Carson City » en Nevada et « San Francisco ».

On parle d'en établir une cinquième à « Denver City » (Colorado).

Mercure. La production, en 1878, a été de 63,500 bouteilles.

Bois de sciage. La Californie en a produit 500,000,000 pieds cubes, dont 258,814,052 pieds ont été importés rien qu'à San Francisco.

Vins. Production, en 1878, 6,000,000 gallons.

Exportations. Les exportations par mer se sont élevées à d. 34,155,400.

Les deux chemins de fer de la Californie ont eu un très grand mouvement de fret :

Le Central Pacific R. R., qui va jusqu'à Ogden...... tonnes. 1.050.000
Le Southern Pacific R. R., qui doit relier San Francisco à New-Orleans 185.205

Manufactures. Les manufactures de « San Francisco » ont une valeur de d. 45,000,000. Enfin, les capitaux engagés dans les banques de la Californie s'élèvent à :

1.950.000.000 doll.

Parmi les chiffres généraux cités plus haut pour les exportations, je reprends, en détail, les produits suivants :

Blé

Les exportations de blé, en 1878, ont employé, à San Francisco, 216 navires, et représentent d. 14,464,166. Voici ce qui a été expédié en France :

DATES	NAVIRES	NATIONALITÉS	DESTINATIONS	CARGAISON	VALEUR
				centaux	dollars
12 août.....	Peterborough	Anglais...	Havre	52.985	89.090
31 —	Wm-G.-Davis....	Américain	—	18.440	87.000
2 septemb..	British-Army.....	Anglais...	—	41.638	72.900
6 — ..	Great-Admiral....	Américain	—	45.072	84.000
7 — ..	Armenis.........	—	—	51.280	92.300
7 — ..	Ambrose	Anglais...	—	23.275	40.731
9 — ..	Sintram	Américain	—	49.002	88.202
19 — ..	Harmodius	Anglais...	—	14.447	25.283
26 — ..	Oriental........	Américain	—	51.736	87.950
27 — ..	William-Hales ...	—	Marseille..	24.630	43.130
30 — ..	Virginia........	Allemand.	Havre	25.838	43.925
1 octobre..	Sterling.........	Américain	—	56.243	95.613
8 — ..	Johan-Irguns	Norvégien.	—	25.374	48.000
15 — ..	J.-S. Spinney....	Américain	—	59.896	102.420
21 — ..	E.-Mac-Neal	—	—	47.481	80.720
28 — ..	Undaunted	—	—	55.330	92.401
30 — ..	Ariel...........	Norvégien.	—	31.649	51.270
13 décembre	Rufus-E.-Wood..	Américain	—	47.547	87.000
	18 navires.			751.863	1.306.935

Farine

Les exportations de farine se font surtout par la Chine et le Japon, l'Angleterre et les côtes du Centre Amérique; elles représentent, pour 1878, 498,725 barils, valeur d. 2,612,777.

L'Angleterre en a reçu pour sa part............ barils. 106.929
L'Allemagne   —   5
L'Australie   — 7.917
La Chine et le Japon — 217.858
Le Mexique   — 17.680
L'Amérique du Sud   — 17.379
Etc., etc.

La France n'a reçu de San Francisco, à part les blés notés ci-dessus, que :

100 barils de miel ;
294.500 pieds de bois (Lumber).

La valeur totale des exportations par mer de San Francisco :

Pour la France, atteint la somme de............ d.   1.342.272
— l'Angleterre,   — 16.076.668
— l'Allemagne,   — 109.176

Exportations par mer de San Francisco seul.

Pour l'Australie, atteint la somme de.............. 814.667
— le Mexique, — 1.696.086
— la Chine, — 3.109.320
— le Japon, — 596.176
— New-York, — 4.815.919

Laines

Le commerce et l'exportation des laines de Californie est important.

Voici des chiffres, à ce sujet, pour la période du 1er janvier au 1er juillet 1879 :

Stock au 1er janvier 1879 (San-Francisco)... livres. 1.400.000
Recettes 18.273.000
Par navires 2.378.000

Production californienne...... 20.651.000 20.651.000

Total de l'appprovisionnoment. ..... livres. 22.051.000
Reçu de l'Oregon 3.164.200
— de l'étranger........................ 31.600

Total au 30 juin .... livres. 25.246.800

EXPORTATIONS

Par mer..................... livres. 6.246.100
— terre 14.667.400
De l'intérieur 2.378.000

Total des exportations... livres. 23.291.500 23.291.500

Stock (moins la consommation locale).. livres. 1.955.300

Le marché est surtout animé à l'époque des tontes, qui se font au printemps et à l'automme.

MOUVEMENT MARITIME

Pendant l'année 1878, les entrées dans le port de « San Francisco » ont été de :

645 navires (dont 195 anglais et 21 français), avec 719,193 tonnes.

Les sorties de :

676 navires (dont 190 anglais et 15 français), avec 733,130 tonnes.

MOUVEMENT DES VOYAGEURS

Les chiffres fournis par le « Custom House » (douane) de San Francisco sont réunis dans le tableau suivant :

MOUVEMENT DES PASSAGERS (San-Francisco et Californie)

	1875		1876		1877		1878	
	ARRIVÉES de	DÉPARTS pour	ARRIVÉES de	DÉPARTS pour	ARRIVÉES de	DÉPARTS pour	ARRIVÉES de	DÉPARTS pour
1° Par mer								
Panama	9.523	2.176	4.562	1.773	3.585	1.996	2.362	1.989
Victoria	2.045	1.831	2.437	2.149	1.953	2.639	1.133	2.209
Chine et Japon	18.366	6.594	16.045	7.623	9.906	7.852	7.418	6.512
Australie	639	733	1.435	906	1.851	2.707	1.625	3.670
Mexico	622	290	625	288	423	307	488	280
Europe (directement)	11	5	3	2	1	3	4	1
Autres pays; etc., etc. (1)	42	21	36	36	99	63	136	77
Totaux	32.202	12.652	25.821	13.434	17.902	15.517	13.209	14.676
2° Par chemin de fer								
Totaux	74.919	30.422	60.565	37.636	47.435	31.249	37.556	25.940
	107.121	43.074	86.386	51.070	65.337	46.766	50.765	40.616
Population gagnée	64.047		35.316		18.571		10.149	

(1) Ces nombres pour pays non déclarés sont incomplets et impossibles à obtenir exacts; les totaux sont justes et donnés par le bureau des douanes.

L'immigration des Chinois en Californie est toujours assez forte. Un seul navire, le « *City of Tokio* », de la Pacific Mail Steamship Cy, en a apporté 1,100 en un seul voyage, au mois de juin.

Pour les six premiers mois de l'année 1879, voici la balance des arrivages et départs des Chinois et Japonais :

	ARRIVÉES	DÉPARTS
Janvier....................	499	275
Février....................	108	259
Mars......................	716	320
Avril.....................	1.259	309
Mai......................	21	278
Juin......................	1.824	301
Totaux...............	4.427	1.742
Excédant des arrivées....	2.685	
Proportion de Chinois........	90 0/0	

Enfin, pendant le mois de juin 1879, les arrivées et départs de passagers par mer s'établissent comme suit :

	ARRIVÉES	DÉPARTS
Chine et Japon............	1.824	301
Australie..................	142	305
Colombie britannique.......	126	171
Panama..................	211	128
Mexique, etc., etc..........	53	1
Totaux............	2.373	969

RAPPORT N° 9

Chicago

Juillet 1879.

Il y a quarante ans, Chicago, actuellement la principale ville de l'Etat de l'Illinois, et la métropole commerciale du Nord-Ouest, n'était qu'un petit village, où les Indiens venaient échanger leurs peaux, fourrures, etc., contre les produits des blancs. L'histoire de Chicago peut se faire en quelques lignes. Les premiers blancs qui visitèrent l'emplacement actuel de la cité furent deux Français : les intrépides Joliet et Marguette, dont les noms se retrouvent dans tout l'ouest des Etats-Unis, — août 1673. — En 1803, se fonda un village, et le gouvernement fit élever le fort Dearborn, pour protéger les habitants. Abandonné en 1812, reconstruit en 1816, ce fort fut démoli en 1856.

Malgré ces efforts, en 1830, Chicago ne comprenait que 15 maisons et 100 habitants. Mais, dès lors, la progression fut rapide : le 11 juin 1834, un navire entrait pour la première fois dans le port, et, en 1837, Chicago était incorporée, et prenait le titre de cité, avec 4,170 habitants.

En 1850, la population était de	29.963
— 1860 —	112.172
— 1870 —	298.978
— 1879 —	550.000

Chicago s'est développée d'une manière étonnante et couvre une surface d'environ 35 milles carrés. La ville s'étend sur les bords du lac Michigan, sur une longueur de 8 milles. C'est le plus grand centre de chemins de fer du monde entier; plus de trente voies ferrées différentes viennent y aboutir! Ce développement prodigieux n'a pas été enrayé malgré une épouvantable catastrophe connue de tous.

Incendie de 1871. Le 8 octobre 1871, un dimanche soir, le feu éclata dans une petite maison de la rue De Kowen, dans la partie sud du quartier
ouest de la ville. Les maisons voisines, bâties en bois, et des
chantiers de bois à l'entour, prirent feu rapidement. Le vent
soufflait violemment, et l'incendie fit rage toute la journée du
lundi ; ce ne fut que le mardi matin que le fléau put être arrêté :
les ruines brûlaient encore plusieurs mois après la catastrophe.
Plus de 3 milles carrés de la ville étaient détruits, 17,450 maisons
étaient en ruines ; 100,000 habitants sans logement, et on avait
à déplorer 200 victimes. La perte totale a été estimée de
d. 190,000,000, dont 44,000,000 ont été payés par les assurances.
Cet incendie causa, d'ailleurs, la faillite d'un grand nombre de
Compagnies d'assurances dans les États-Unis.

Les habitants, loin de se laisser abattre, se mirent au travail,
réunissant en commun leurs dollars et leurs efforts. Les ruines
furent déblayées, des abris en planches construits pour les bureaux des commerçants, qui, deux jours après l'incendie, repre-
naient leurs affaires, pendant que les maisons étaient recons-
truites, plus solides et plus élégantes que jamais. L'activité fut
telle que, quelques mois après le desastre, toutes les heures une
maison était terminée et livrée aux habitants ! Un an après l'incendie, presque toutes les ruines avaient disparu.

Incendie de 1874. Le 4 juillet 1874, le feu dévora encore 60 acres, au cœur de la
ville, 600 maisons furent brûlées ; les pertes furent faibles
(d. 4,000,000) et faciles à réparer : les maisons détruites étant les
habitations en bois de la classe pauvre.

Aujourd'hui, Chicago, la « Reine des Lacs », est en pleine prospérité, quoique encore endettée par suite des désastres causés par
le feu, et vient immédiatement, après New-York, au point de
vue commercial. C'est le plus grand marché de grains et d'animaux du monde entier. Les usines y emploient 80,000 ouvriers.
Avec ses lacs et ses chemins de fer, Chicago lutte ardemment
contre Saint-Louis, la « Reine des Fleuves. »

COMMERCE DE CHICAGO (1878)

La valeur des produits agricoles expédiés de la cité en 1878 est estimée comme suit :

Grains et farines (188,675,269 boiss.).. d.	68.150.000
Bétail..	34.300.000
Viandes, lards, graisses, suifs.............	66.750.000
Beurres et fromages......................	10.750.000
Laines et peaux..........................	17.250.000
Graines et genêts.........................	3.800.000
Esprits et alcools........................	4.100.000
Produits divers...........................	2.300.000

Total en 1878....................	207.400.000
En 1877, on avait estimé.......... d.	218.400.000
— 1876 —	231.450.000
— 1875 —	215.300.000
— 1874 —	197.400.000
— 1873 —	180.000.000

Ce décroissement pour 1878 est dû à ce que, fin 1878, il restait dans la ville 6,500,000 boisseaux de grains, de blé surtout, de plus que fin 1877, et enfin à la baisse des prix de la plupart des articles.

Chicago a produit 308,248 barils de farine en 1878, et en avait 90,000 en magasin à la fin de cette année-là. Marché peu actif.. *Farines.*

La ville en a reçu 29,713,577 boisseaux ! (l'Etat de l'Illinois en ayant produit environ 33,900,000), et a expédié 6,000,000 boisseaux de blé, 147,000 barils de farine, sur connaissements directs de Chicago même. *Blés.*

Les réceptions de maïs ont été de 63,651,518 boisseaux, et les expéditions du 30 juin 1877 au 30 juin 1878, de 85,000,000. *Maïs.*

J'ai visité, à Chicago, l'immense marché à bestiaux, appelé *Union Stock Yards.* " Union Stock Yards ", le plus grand du monde, construit en 1865, et ouvert en décembre de la même année.

La Compagnie qui a créé ce marché possède 360 acres de

terre (environ 145 hectares), dont 100 acres destinés aux parcs à bœufs et 75 aux parcs couverts pour les porcs et moutons.

On peut recevoir ensemble 20,000 bœufs, 5,000 moutons, 150,000 porcs, et mettre dans les écuries 1,000 chevaux.

Toutes les lignes de chemins de fer de Chicago viennent aboutir autour de ce parc à bestiaux, et là la Compagnie possède 40 milles de voies ferrées allant se relier aux grandes lignes. On peut décharger par jour, 1,200 wagons chargés de bestiaux; 15 milles de rues macadamisées sillonnent le parc, qui est entouré par les usines où les bestiaux sont abattus, et leur viande préparée pour conserves.

La Compagnie a construit des machines élevant les eaux et les distribuant partout à l'aide d'un réseau de tuyaux de 40 milles de long; elle a, de plus, percé deux puits artésiens. Enfin, 500 hommes sont journellement employés dans le marché.

A l'entrée du parc, est un hôtel spécial pour les marchands d'animaux, fermiers, etc., le « Transit House », dont les prix sont très réduits. Cet hôtel a coûté 250,000 dollars.

Le fermier n'a donc qu'à entrer dans le parc; là, on lui prête un cheval pour parcourir les enceintes où sont enfermés les animaux. C'est à peu près la disposition du marché de Kansas City. Les bêtes ont toujours de l'eau et du fourrage à leur portée. L'acheteur, ayant fait son choix et son prix, trouve dans un grand bâtiment, appelé le « Exchange Building », une salle de réunion, les bureaux du personnel, le téléphone, la poste, les bureaux des courtiers, etc., enfin, une Banque, le « Union Stock Yard National Bank », où il règle ses affaires, car, dans ce marché, toutes les affaires se font au comptant. On estime que, pendant la saison d'affaires, le chiffre d'affaires faites au moyen de cette Banque, varie entre 500,000 et 1,000,000 de dollars par jour.

Le Stock Yard de Chicago règle les prix du monde entier, en matière de bestiaux : d'immenses tableaux permettent d'en suivre les variations à toute heure du jour; enfin, un journal s'imprime dans le parc même, le « Drovers Journal », et donne tous les renseignements possibles.

Inutile d'ajouter qu'il y a aussi, dans les bâtiments, un restaurant, un bar room et une salle de coiffure, où le Yankee va se faire raser, à quatre heures, une fois les affaires faites. Pendant la journée, le mouvement de ce marché est incroyable : les bestiaux arrivent, sont embarqués ; les acheteurs et vendeurs galopent en tous sens. On court, on crie, les animaux ne sont pas les moins bruyants... Bref, le visiteur, purement curieux, doit être attentif, et éviter de son mieux de trop vigoureuses bousculades et se garer soigneusement si, par exemple, il rencoutre un troupeau de bœufs du Texas, aux longues cornes pointues, à l'aspect rude et sauvage.

Un dernier détail : les courtiers qui se chargent de la vente des bestiaux prennent 50 cents par tête de bœuf, et 6 dollars par wagon de porcs ou moutons.

Tout autour du marché, sont les Packing-Houses, au nombre de 30 environ. Pour donner idée de leur importance, je dirai que du 1er mars 1876 au 1er mars 1877, on y a tué et préparé 2,933,486 porcs !

Les chiffres suivants donnent des résultats vraiment remarquables :

CHICAGO UNION STOCK YARDS

Réception des bestiaux

	BÊTES A CORNE	PORCS	MOUTONS	CHEVAUX
1865...................	613	17.764	1.433	»
1866...................	393.007	961.746	207.987	1.553
1867...................	829.188	1.696.738	180.888	847
1868...................	324.524	1.706.782	270.891	1.902
1869...................	403.102	1.661.869	340.072	1.524
1870...................	523.964	1.693.158	349.853	3.537
1871...................	543.050	2.380.083	315.053	5.936
1872...................	684.075	3.252.623	310.211	12.145
1873...................	761.428	4.337.750	391.734	20.289
1874...................	843.966	4.258.379	333.655	17.588
1875...................	920.843	3.912.110	418.948	11.346
1876...................	1.096.745	4.190.006	364.095	8.159
1877...................	1.033.151	4.025.970	310.240	7.874
1878...................	1.083.008	6.339.554	310.420	9.415
TOTAUX............	8.949.724	40.434.532	4.010.482	102.115

Valeur totale des animaux reçus au marché en 1878 : 106,101,879 dollars.

Expédition des bestiaux

	BÊTES A CORNE	PORCS	MOUTONS	CHEVAUX
1865.....................	»	»	»	»
1866.....................	263.093	482.875	75.447	162
1867.....................	203.580	758.789	50.275	387
1868.....................	215.987	1.020.329	81.634	2.185
1869.....................	294.717	1.086.305	108.690	1.538
1870.....................	391.709	924.453	116.711	3.448
1871.....................	401.927	1.162.286	135.084	5.482
1872.....................	510.025	1.835.594	145.016	10.627
1873.....................	574.181	2.197.557	115.235	18.540
1874.....................	622.929	2.330.361	180.555	16.608
1875.....................	696.534	1.582.643	243.604	11 129
1876.....................	797.724	1.131.635	195.925	6.839
1877.....................	»	»	»	»
1878.....................	699.108	1.292.945	156.727	»

En 1878, les expéditions de bestiaux en Europe sont devenues considérables; les expéditeurs ont reconnu la nécessité, pour réussir, d'envoyer leurs bêtes de première qualité seulement. On a aussi directement exporté de Chicago en Europe 549,225 boîtes de jambons et 290,792 barils de graisse.

Le tableau suivant est une comparaison des trois grands marchés de bestiaux „ Chicago ", „ Saint-Louis " et „ Kansas City ".

Réceptions

	BÊTES A CORNE	PORCS	MOUTONS	CHEVAUX
Chicago.....................	1.083.068	6.339.654	310.420	9.415
Saint-Louis.................	406.235	1.451.634	168.095	27.378 (mules comp.)
Kansas-City................	175.344	427.777	36.700	10.796

Expéditions

	BÊTES A CORNE	PORCS	MOUTONS	CHEVAUX
Chicago.....................	699.108	1.292.945	156.727	»
Saint-Louis.................	261.723	528.627	74.433	30.867 (mules comp.)
Kansas-City................	175.549	426.355	37.012	10.794

Le dernier marché, celui de „ Kansas ", va en progressant chaque année.

Je reviens à l'étude du commerce général de Chicago.

L'exportation directe a doublé pendant 1878, avec 602,018 tonnes contre 309,185 en 1877; l'augmentation provient de l'exportation des farines, blés, maïs, viandes de porcs, beurres, fromages et graines.

Commerce direct de Chicago avec l'étranger.

Les frets de Chicago, par rail (1878) :
Sur New-York ont varié de 20 à 40 cents par 100 livres de grain;
— — — 20 à 45 cents par boîte de viande.
— Boston, le fret est de 5 cents plus élevé que pour New-York;
— Philadelphie, — 2 cents moins élevé que pour New-York;
— Baltimore, — 3 cents moins élevé que pour New-York.

Taux de frets. Par rail.

Les frets de Chicago, par les lacs, étaient :
Du 15 juin au 1er août, pour Buffalo, 1c., 05 à 2c., » par boiss. de maïs;
— — — 1c., 75 2c., 50 — blé;
Du 1er août à l'hiver, — 5c., » 6c., » — maïs ou blé.

Par les lacs.

Les frets de Chicago à New-York, par lacs et canal, ont varié de 5 cents 5/8 (juillet) à 13 cents (octobre) par boisseau de maïs.

Par lacs et canal.

Les frets de Chicago à New-York, par lacs et chemin de fer, étaient de 1 cents à 3 cents par boisseau plus élevés que ceux par lacs et canal.

Par lacs et rail.

Enfin, la Compagnie du canal Erié prenait, de Buffalo à New-York :
De 3c. 3/4 à 7c. 1/2 par boisseau de maïs;
et de 4 1/4 8 1/2 — blé.

Ces taux de fret montrent clairement que les chemins de fer ne pourront pas rivaliser avec les transports par eau. Chicago, avec son lac Michigan (une véritable mer!) et les lacs suivants, Erié, etc., peut donc être considéré comme un véritable port. Un navire peut partir de la ville et aller en Europe directement. Cette facilité de transports par eau attirera, à Chicago, une partie des produits du Nord-Ouest des Etats. C'est dans ce but qu'on a construit le „ Illinois and Michigan Canal ", qui amène directement à Chicago les produits des Etats du Nord. On conseille beaucoup d'améliorer ce canal, afin d'accaparer toutes les marchandises : la réussite est, je crois, certaine, étant basée sur la solution du problème des transports à bon marché.

Avantages des transports par eau sur les transports par voies ferrées.

Marche des centres de production vers l'Ouest.

Chicago, Saint-Louis et Kansas City, sont les trois centres où viennent aboutir les produits des terres de l'Ouest, défrichées et mises en culture par les émigrants, dont le flot monte, monte toujours, et envahit les prairies désertes. Chicago est actuellement le grand marché central, mais il aura à lutter un jour contre celui de Kansas City. A mesure que les centres de production s'éloignent vers l'Ouest, les centres commerciaux vont les suivre, et cela jusqu'à ce que les hommes aient peuplé et cultivé les déserts qui séparent les Etats du Centre du riche Etat de la Californie. Cette marche vers l'Ouest est rapide, certaine et se dessine nettement. Il n'y aurait donc rien d'étonnant si, d'ici dix ans, Kansas City rivalisait avec Chicago, et devenait, à son tour, le grand centre de l'Ouest.

RAPPORT N° 10

Détroit — Cleveland

Juillet 1879.

COMMERCE MARITIME DES LACS

Après avoir quitté Chicago, une visite dans la région des grands lacs, m'a amené dans une vieille cité française, la capitale du Michigan „ Détroit ”, située sur les bords de la rivière „ Détroit ”, qui réunit le lac Erié au lac Saint-Clair, et un des meilleurs ports de la chaîne des Lacs. Les Français y apparurent en 1610, et y construisirent le fort Pontchartrain en 1701. En 1783, la ville fut cédée aux États-Unis, et incorporée comme cité en 1824; elle compte aujourd'hui 140,000 habitants. Sur une étendue de 6 milles, tout le long de la rivière, sont installés des chantiers de construction de navires, des cales sèches, des moulins, des fonderies, des élévateurs de grains, etc., etc. J'ai visité les ateliers de construction des wagons Pullmann „ Pullmann Palace Car Works ”, qui occupent 700 ouvriers, et peuvent fournir par an 150 wagons-salons, wagons-dortoirs, etc. Un beau Pullmann Sleeping-Car coûte de d. 12,000 à 16,000, et peut circuler pendant dix ans environ sur les voies ferrées. Il y en a, me dit-on, environ 500 livrés aux différentes Compagnies de chemins de fer américains. Sur certaines lignes, un de ces wagons rapporte environ d. 1,000 par mois; il y a à retrancher de cette somme les frais d'entretien du wagon, de personnel, etc.

La plupart des Compagnies de chemins de fer ajoutent ces wagons à leurs trains; et les traînent sans aucun frais pour la Société Pullmann qui touche simplement le supplément payé par les voyageurs désireux de s'assurer un bon fauteuil pen-

Détroit (Michigan).

Usines Pullmann.

dant le jour, et un lit, pour la nuit. Ajoutons que les wagons ordinaires sont tout ce qu'il y a de plus inconfortable au monde.

Nous ne voulons pas oublier, dans cette rapide étude des cités américaines, une charmante ville, bâtie sur la rive sud du lac Erié (une autre grande mer), „ Cleveland ", qui est la seconde cité de l'Etat de l'Ohio.

A Cleveland aboutissent de nombreuses voies ferrées, et le „ canal de l'Ohio ", qui va rejoindre le fleuve du même nom à Portsmouth. Là sont établies de nombreuses usines, travaillant les fers et aciers, et raffinant les pétroles. Pour l'exportation de ces derniers produits, Cleveland vient immédiatement après Pittsburgh, ainsi que nous le montrons dans un rapport sur le pays du pétrole.

Enfin, par son lac, Cleveland fait un grand commerce maritime avec le Canada et les régions minières du lac Supérieur.

La chaîne des grands lacs, et le réseau des canaux si habilement établi dans toute cette région (tout le monde connaît le canal Erié, réunissant „ Buffalo " à „ New-York ", terminé en 1825), facilitent le commerce, et sont cause de la richesse de tous les États environnants.

On peut en juger par les transports de céréales entre les six grands ports des lacs „ Chicago ", „ Milwaukee ", „ Toledo ", „ Détroit ", „ Cleveland " et „ Duluth ".

Pour l'année commerciale finissant au 1er août 1879, les navires ont transporté :

195.385.807 boisseaux de grains;
6.374.029 barils de farine.

Si l'on réduit cette farine à son équivalent en blé, on arrive aux chiffres suivants :

1878-79................... 227.255.952 boiss. de grains.
Contre :
1877-78................... 200.335.400 —
1876-77................... 148.044.953 —

Si l'on rapproche ces nombres des tarifs de fret donnés plus haut, l'on peut se rendre compte de l'importance du mouvement maritime nécessité par le transport de ces produits.

RAPPORT N° 11

Le pays du Pétrole : Oil Country, Pittsburgh, Oil City, Bradford (Pennsylvanie)

Août 1879.

Un séjour d'une semaine dans le pays du Pétrole „ Oil Country ", m'a permis de réunir d'intéressants renseignements sur les importantes affaires qui font ou plutôt ont fait la richesse d'une partie de la Pennsylvanie.

Après avoir visité „ Pittsburgh " (Pittsburgh a reçu, en 1878, 2,335,578 barils d'huile brute, en a raffiné 1,693,054 barils qui ont été expédiés au dehors, et consommé le reste, soit 642,124 barils), je me suis rendu à „ Oil City ", voulant me rendre compte de l'exploitation des puits de pétrole. J'ai été fort étonné de trouver cette ville, autrefois si prospère, maintenant délaissée et ne comptant plus que 7 à 8,000 habitants. La cause en est que les puits ne donnent que peu ou point de pétrole, et que la production y a presque cessé. L'aspect du pays est curieux : partout se dressent des échafaudages appelés „ derricks ", qui ont servi à forer les puits; ces derricks ressemblent aux pylones employés pour construire les maisons en France, avec cette différence qu'ils sont plus élevés et tronqués au sommet. L'on aperçoit de tous côtés d'énormes réservoirs en tôle, cylindriques (hauteur 8 à 10 mètres, diamètre 16 à 20 mètres), où l'on emmagasine les huiles brutes (crude oils). „ Oil City " est encore un point important, vu que c'est le centre des affaires de pétrole. L'on y trouve aussi de grandes usines raffinant les pétroles bruts. Telle est l' „ Imperial Refining C° Limited ", que j'ai visitée avec soin. Le pétrole est chauffé dans des chaudières à feu nu. Le combustible employé

Pittsburgh.

Oil City.

6

Raffinage
du pétrole.

est une sorte de „ coke de pétrole ", résidu même de la distillation. Les vapeurs qui se dégagent sont condensées dans des
tuyaux en jeu d'orgue refroidis par l'eau ; le liquide obtenu est
agité pendant une heure et demie dans de grandes cuves avec de
l'acide sulfurique et de la chaux. On laisse déposer, et on obtient
le „ refined petroleum ". Les goudrons restés dans les chaudières
sont distillés à leur tour, et on en extrait la paraffine, puis la
naphtaline et les huiles d'éclairage „ Illuminating Oils ". Le
résidu est ce coke dont je parle ci-dessus. Cette distillation des
goudrons se fait surtout à „ Pittsburgh ", à „ Cleveland " (Ohio),
Philadelphie et New-York. A l'usine „ Imperial " est annexée
une fabrique de barils en chêne, entièrement faits à la machine.
On en livre 2,500 par jour, au prix moyen de d. 1.30. Fabrication fort curieuse.

Production énorme
de pétrole.

Au moment de mon passage à „ Oil City ", le pétrole brut
coûtait 70 cents le baril de 42 gallons, et ce prix devait baisser
encore (le pétrole a valu jusqu'à d. 5 le baril). La cause de cette
baisse est l'énorme production du district de „ Bradford ", qui,
à lui seul, produit environ 40,000 barils par jour. Il y a quelques semaines, les réservoirs étant insuffisants, on perdait, à
Bradford, 4 à 5,000 barils par jour, l'huile coulant sur le sol.
Je dois ajouter que, dans ce district, on n'a pas besoin de pomper
dans les puits, l'huile jaillit seule.

La consommation du monde entier, en pétrole, est, par jour,
de 40 à 50,000 barils ; les puits de Pennsylvanie en fournissent
60,000 par jour, et il y a un stock de 7 à 8 millions de barils.
Forcément, l'huile devait baisser de prix, la production dépassant la consommation.

Mais à des prix tels que 65 et 70 cents le baril de pétrole, les
producteurs ne gagnent que peu ou rien, et, à un moment très
prochain, la production diminuera.

Cela est tellement vrai, qu'à Bradford, en juin, on avait percé
700 nouveaux puits, et qu'en juillet, on n'en a foré que 500 environ. Les prix doivent donc remonter, et les spéculateurs attendent le moment opportun pour traiter de grosses affaires. Voici,
d'ailleurs, la façon dont se font les achats et ventes de pétrole :

Dans tous les districts de pétrole, une Compagnie, dite „United Pipe Lines Cy", a installé un réseau de tuyaux allant prendre l'huile dans le „tank" ou réservoir de chaque puits, pour l'emmagasiner dans ces grands tanks en tôle de fer que j'ai décrits plus haut. Si donc on achète des huiles, on les fait emmagasiner par cette Compagnie, qui vous remet, par contre, un „certificate" portant le nombre de barils que l'on a achetés. Toutes les affaires se font avec ce „certificate" (le „certificate" comporte un achat d'au moins 1,000 barils). Les frais de magasinage sont de 1 cent 1/4 par baril et par mois, soit 15 cents par baril et par an. Les frais de commission pour le „broker" que l'on charge d'acheter les huiles, sont de 5/8 cents par baril, soit d. 6.25 par 1,000 barils.

Les paiements s'effectuent, soit au comptant contre délivrement du „certificate", soit avec une „margin", couverture, c'est-à-dire que l'acheteur ne paie au vendeur qu'une partie de la somme totale.

Voilà donc l'acheteur en possession de son „certificate", qui lui garantit tant de barils d'huile brute. Quand il veut s'en défaire, il peut simplement vendre son „certificate", ou, autre cas à considérer, faire expédier son huile sur tel point voulu.

Pour les transports d'huile, les Américains ont d'abord les „tanks cars"; ce sont des réservoirs cylindriques installés sur wagons ordinaires, et pouvant contenir 50 barils. La Compagnie de la United Pipe Lines refoule dans ces wagons l'huile emmagasinée par elle, et prend alors 20 cents par baril, comme frais d'embarquement.

Ces wagons sont emmenés par les Compagnies de chemin de fer au point de destination. Ainsi, j'ai vu arriver à Cleveland (Ohio), des trains de pétrole brut destiné à des raffineries. Pour vider les wagons-réservoirs, on a installé, soit entre les rails, soit à côté de la voie, des tuyaux que l'on met en communication avec une ouverture située en dessous du réservoir. L'huile coule seule, va dans des réservoirs fixes, et de là, est aspirée dans les usines par des pompes situées à 5 milles du point de débarquement (Cleveland-Ohio).

Conditions des achats et ventes de pétrole.

Transports des huiles.

Un autre système de transport des huiles est employé par la „ United Pipe Lines ", qui, au moyen de pompes puissantes, refoule dans des tuyaux l'huile de Oil City à Pittsburgh (distance 150 milles).

Pour les négociants qui désirent simplement acheter des pétroles et les garder en réservoir, les affaires peuvent se faire très simplement au moyen des „ certificates ", et, en ce moment, une personne disposant d'un capital entièrement libre, et pouvant attendre un an, par exemple, qui achèterait des pétroles à 60 ou 65 cents le baril et les mettrait en réservoir, est sûre de faire une excellente affaire. La hausse reviendra sûrement et assez vite. L'on dit que les prix remonteront jusqu'à au moins d. 1.50; à moins que le pétrole ne soit extrait avec une telle abondance dans le monde entier qu'il ne devienne un produit aussi commun que l'eau. Ce qui rend les spéculations sur ces huiles dangereuses pour bien des gens, c'est que les acheteurs ne peuvent souvent attendre assez longtemps le retour de la hausse et sont alors perdus, étant forcés de vendre à tout prix.

United Pipe Lines Cⁱ Limited.

La „ United Pipe Lines " est une Compagnie absolument sûre faisant d'énormes affaires. Cette Compagnie a été organisée, en 1877, par la réunion de six autres Compagnies, au capital de d. 3,000,000. En octobre 1878, elle possédait un réseau de plus de 1,500 milles de tuyaux d'un diamètre de 8 pouces, et 300 milles de tuyaux de 3 et 4 pouces de diamètre, le tout en fonction, et réunissant 350 réservoirs d'une capacité de 5,200,000 barils, sur lesquels 1,800,000 appartiennent à la Compagnie, et 3,400,000 à des négociants particuliers munis de „ certificates ".

Cette Compagnie possède 800 milles de lignes télégraphiques reliant les différents bureaux et stations de la Compagnie entre eux et au bureau central à Oil City. Elle peut chaque jour recevoir et transporter 75,000 barils d'huile, et enfin est reliée à toutes les lignes de chemins de fer du pays du pétrole, de façon à mettre en circulation 2,500 wagons par jour avec 225,000 barils d'huile.

Un autre Compagnie, la „ Tide Water Pipe Cy ", réunit Bradford à Williamsport, et peut emmagasiner 12,000 barils par jour.

Il y a à citer aussi la « Standard Oil Cy » (d. 50,000,000 de capital), Compagnie formée par les gros raffineurs, qui accapare souvent les huiles, et mène le marché.

J'ai voulu contrôler tous ces renseignements, et suis allé à « Bradford », en passant par « Titusville », où sont de belles raffineries de pétrole. Tout ce qui précède m'a été confirmé à Bradford.

Bradford a grandi, en quelques années, très rapidement, et compte aujourd'hui 11,000 habitants; il y a dans les environs 4,000 puits fonctionnant. L'on s'occupe de la construction de grands réservoirs pour emmagasiner l'huile. J'ai examiné l'installation d'un puits de 1,300 pieds de profondeur. L'huile jaillit seule, par intermittence, et coule dans un réservoir situé à l'orifice du puits; puis, de là, va dans les grands réservoirs fixes. Chaque jet d'huile est précédé d'un dégagement de gaz assez bruyant ; l'huile est jaune verdâtre, lourde, épaisse, et possède une odeur très forte. On compte ne pas pomper dans les différents puits du pays avant deux ou trois ans ; mais on active parfois le dégagement naturel de l'huile en descendant au fonds des puits des torpilles de dynamite que l'on y fait éclater. Le puits que j'ai examiné ne fournit que 20 barils par jour; il en existe donnant 150 et 200 barils. L'installation (le forage d'un puits, y compris le travail des ouvriers, l'achat du matériel et tous les frais) revient à 70 cents par pied foré, et, en moyenne, par puits à d. 3,000. L'achat des terrains n'est pas compris dans ce chiffre ; les terres de ce district, où l'on n'exploitait que les bois il y a cinq ans, valent aujourd'hui beaucoup d'argent.

Il me reste à nommer un endroit appelé « Coal Creek », village il y a quelques mois, et qui, depuis qu'on y a trouvé du pétrole, fait concurrence à Bradford, et compte 4,000 habitants.

La production du pétrole dans l'ouest de la Pennsylvanie, ce pays si richement doué par la nature, et où se trouvent de véritables fleuves et lacs souterrains de pétrole, date de 1859, année où l'on produisit 82,000 barils d'huile. Cette production alla toujours croissant, et, en 1878, 15,165,432 barils étaient ex-

Bradford.

Frais d'installation du puits.

Production générale du pétrole.

traits. Les résultats de l'année 1879, d'après les indications données ci-dessus, seront encore plus considérables.

Les statistiques officielles donnent comme production, de 1859 à 1878, 111,082,070 barils pour la Pennsylvanie.

Outre cet État, l'ouest de la Virginie, le Kentucky et le Tennessee, possèdent des gisements de pétrole; on en trouve aussi dans la province d'Ontario (Canada occidental) à Petrolia (qui, du 1er août au 1er octobre 1878, expédia 21,609 barils d'huiles brutes et raffinées), à London, à Paris, etc.

Des puits de pétrole ont été forés en Californie, près de « Los Angeles »; la surface des gisements est, dit-on, équivalente à celle de ceux de Pennsylvanie. La Californie consomme environ 85,000 barils de pétrole par an, et en exporte 95,000.

Dans l'Utah, le pétrole se trouve à des profondeurs très faibles, variant de 2 à 12 pieds en dessous du sol.

Enfin, le pétrole est exploité au Japon, au Pérou, en Moldavie, Valachie, au Caucase, en Italie, etc.

Les États-Unis ont exporté, en 1878, en tous pays :

Pétrole brut...... gallons.	23.883.508	d.	2.150.390
— raffiné...........	308.896.307		39.094.151
Naphte, etc................	13.431.783		1.077.402
Résidus...................	3.145.506		221.019
Total..............			42.542.962

Le raffinage du pétrole exige, aux États-Unis, de 77,000,000 à 100,000,000 de livres d'acide sulfurique, à 66° Beaumé.

Un fait curieux à signaler, quoique sans application jusqu'ici, c'est que, parmi les nombreux produits de la distillation du pétrole, M. John Tunbridge, de Newark (New-Jersey) a obtenu, en dernier lieu, de l'or! Ce savant a traité du pétrole brut en le faisant tomber goutte à goutte sur des copeaux et en calcinant le tout; il a recueilli les cendres, fait des essais par coupellation, et obtenu dans la coupelle une mince pellicule d'or. Les résidus derniers de la distillation du pétrole donneraient ainsi, par tonne, outre du molydène, une quantité d'or d'une valeur de d. 25. (*Report of the New-York, Produce Exchange for the year 1878*, page 486).

RAPPORT N° 12

Boston

Septembre 1879.

Situation géographique.

Boston, l'Athènes américaine, la capitale de l'État du Massachussetts, est situé à l'extrémité ouest de la baie de Massachussetts. Le „ vieux Boston ” est construit sur une presqu'île reliée au continent par une langue de terre, appelée „ Neck ”, sur laquelle de grands travaux ont été faits pour élargir l'étroit passage et gagner du terrain sur les eaux. Cette presqu'île est reliée par de nombreux ponts à toutes les autres parties de la cité : Charlestown, Cambridge, Boston sud, Boston est, etc.

Cette disposition particulière donne un aspect pittoresque à la ville, presque entièrement entourée par les eaux ; la baie, où se trouvent plus de cinquante îles ou îlots, est magnifique et forme un vaste et beau port, accessible aux plus grands paquebots transatlantiques.

Historique.

On raconte que le premier habitant blanc de Boston y arriva en 1623, et vendit, en 1635, la presqu'île sur laquelle est la belle ville actuelle 30 livres anglaises.

Boston prit une part active à la révolution. C'est dans ce port que, le 16 décembre 1773, les thés anglais furent jetés à la mer, et que le signal de la lutte fut donné.

En 1822, Boston fut incorporé comme cité avec 45,000 âmes.

La ville avait en 1850	136.881	habitants.
— en 1860	177.540	—
— en 1870	250.526	—
— en 1879, environ	400.000	—

Incendie de 1872.

Comme Chicago, Boston eut à supporter un épouvantable incendie, qui, éclatant le 9 décembre 1872, fit rage trois jours et détruisit plus de 800 édifices. Le total des pertes s'éleva à d. 80,000,000.

Avec l'activité qui caractérise la population américaine, le désastre fut rapidement réparé, et Boston est aujourd'hui un des grands ports de l'Atlantique, un de ceux qui luttent contre New-York avec le plus de succès. Boston envoie en Angleterre, en Afrique et aux Antilles, des cotons manufacturés, des poissons salés, des beurres et fromages, des cuirs, etc.; les exportations de bestiaux pour l'Europe y ont été essayées et se continuent avec succès; on parle, enfin, d'établir une ligne sur les Antilles (West-Indies) outre les quatre à cinq lignes que ce port possède déjà :

	SORTIES DES STEAMERS EN 1878
Warren Line (Londres et Liverpool)	67
Leyland Line...............................	58
Cunard Line	36
Sears Line	20
Autres steamers	12
	193

Avantages du commerce direct par Boston. Les Bostoniens déclarent que le « Through Business », autrement dit le connaissement direct, fait la fortune de leur ville, et les aidera à lutter contre New-York. Leur ville, disent-ils, est le point où viendront s'embarquer les produits de l'Ouest que centralise Chicago. L'avenir leur donnera-t-il raison ?

Si Chicago est la ville des grains, et Cincinnati celle des porcs, Boston est la ville des cuirs, et le marché central des souliers et bottes.

Boston a expédié en 1878 :

	PAR EAU	PAR CHEMIN DE FER	TOTAL
Caisses de souliers et bottes.....	269.859	1.378.865	1.648.724

(La caisse contient douze paires de chaussures.)

Ces expéditions se sont réparties comme suit :

Pour Chicago	148.009
— Saint-Louis	123.285
— New-York	111.511
— Philadelphie.................	98.816
— Baltimore	96.101
— Cincinnati...................	74.632

Boston a reçu, en 1878, 794,203 paquets de deux peaux, et 1,851,049 cotés « side », et expédié 1,287,745 paquets de deux peaux.

Enfin, voici les chiffres officiels des importations et exportations pour l'année 1878 :

IMPORTATIONS

	VALEUR
Matières chimiques, etc .... d.	2.929.761
Cotons.................................	611.054
Poissons...............................	863.464
Peaux, etc.............................	4.647.191
Fer, etc...............................	1.792.672
Sucres et mélasses.....................	10.320.165
Etain et produits manufacturés..........	1.059.878
Laines — —	4.690.873
Articles divers........................	9.767.134
Total............... d.	36.682.192

EXPORTATIONS

	VALEUR
Bêtes à cornes, etc................... d.	3.037.513
Maïs	3.582.502
Blé...................................	4.488.007
Farine................................	2.079.787
Cotons écrus..........................	6.704.135
— manufacturés......................	1.515.019
Jambons et lards......................	8.736.635
Graisse...............................	3.063.610
Viandes de porc.......................	1.130.632
Tabac en feuilles.....................	2.666.218
Articles divers	13.371.334
Total................ d.	50.375.392

Le commerce total de Boston avec l'étranger est donc de d. 87,057,584, avec un excédant de près de 14 millions de dollar en faveur des exportations, ce qui indique un état de prospérité fort enviable.

Boston fait peu de commerce direct avec la France ; ses exportations pour notre pays n'ont été que de d. 125,348 en 1878. Les importations françaises n'ont été que de d. 21,913. C'est pour remédier à cet état de choses regrettable, qui existe non-seulement entre la France et Boston, mais entre la France et tous les principaux ports américains, et qui paralyse les relations commerciales entre la France et les États-Unis, que M. Léon Chotteau, que j'ai eu le plaisir de rencontrer à New-York et à San Francisco, a entrepris, cette année, une seconde campagne en faveur d'un traité de commerce franco-américain. Parcourant tous les grands centres commerciaux américains, il a réuni les négociants, et leur a prouvé, chiffres en main, les avantages réciproques que deux grands pays comme les États-Unis et la France retireraient d'un traité de commerce. Son courage et sa persévérance ont été récompensés : des comités se sont réunis à New-York, Washington, Chicago, etc.; des adresses ont été envoyées aux gouvernements américains et français, qui sont aujourd'hui saisis de la question. Tout porte donc à espérer que d'ici peu une solution définitive sera prise, et qu'un traité de commerce garantira les intérêts des deux nations intéressées. Par la signature de ce traité, M. Léon Chotteau sera dignement récompensé de ses peines et de ses fatigues.

Nécessité d'un traité de commerce franco-américain.

RAPPORT N° 13

New-York

Septembre-Octobre 1879.

Commerce de New-York

Le port de la « Cité Impériale » reçoit, à lui seul, les deux tiers des marchandises importées aux États-Unis, et exporte la moitié environ des produits américains expédiés dans le monde entier :

Pour l'année 1878, les exportations ont été de .... d. 362.522.088
— les importations — 303.186.867
La France a reçu de New-York des produits atteignant la valeur de .... d. 43.117.757
L'Angleterre a reçu de New-York des produits atteignant la valeur de .... d. 175.138.587

Sans entrer dans les détails de ce mouvement commercial, je veux simplement étudier ici les proportions colossales que prennent, cette année, les exportations de grains et de bestiaux américains en Europe.

I. — EXPORTATION DES GRAINS AMÉRICAINS

Les Américains estiment de la manière suivante les récoltes en Europe pour cette année-ci (1879) : ils se basent sur cette estimation pour calculer la quantité probable des céréales qu'ils auront à envoyer en France, Angleterre, etc., d'ici la fin de l'année courante :

1° *Récoltes en Angleterre*. — Le premier point à noter dans ce pays est que la surface des terres plantées en blé a diminué de 12 0/0 depuis quelques années.

Récoltes en Europe en 1879.

Du 1er septembre 1878 au 1er juin 1879, les importations de

grains américains ont été de 90,580,305 boisseaux. La consommation annuelle est de 200,000,000 de boisseaux. Vu les pluies et ouragans de cette année, la récolte anglaise sera mauvaise, et seulement les trois quarts de celle de l'année dernière. Les Américains comptent sur une demande de 120 à 140,000,000 de boisseaux.

2° *France.* — La moyenne des récoltes y est de 280,000,000 de boisseaux de blé. La plus mauvaise récolte, celle de 1871, était de 194,000,000 de boisseaux. La meilleure, celle de 1874, était de 347,000,000 de boisseaux. Enfin, en 1878, les terres ont donné 227,000,000 de boisseaux.

Les Américains estiment la consommation de blé faite par notre pays comme variant de 229,000,000 à 344,000,000 de boisseaux. Ils s'attendent, vu la récolte de cette année, à faire une importation assez forte, se basant, d'ailleurs, sur la déclaration d'un ministre français, qui a estimé à 500 millions de francs le coût des blés d'importation nécessaires cette année.

3° *Allemagne.* — Les récoltes donnent, en moyenne, 221,000,000 de boisseaux, comme en 1878. La demande y sera petite.

4° *Autriche-Hongrie.* — La moyenne des récoltes y est de 100 millions de boisseaux. Celle de 1878 a donné 110,000,000 de boisseaux. On pense, en Amérique, que la récolte 1879 est assez bonne.

5° *Italie.* — La moyenne des récoltes varie de 105,000,000 à 110,000,000 de boisseaux ; 1878 a donné 104,000,000 de boisseaux de blé ; pour 1879, vu les pluies et inondations, la demande sera forcément grande.

6° *Russie.* — Cet immense empire est le seul rival des États-Unis pour la fourniture des céréales aux autres États européens. Récolte moyenne, 230,000,000 de boisseaux de blé ; de 1878, 215,000,000 de boisseaux, dont près de 50,000,000 ont été exportés *via* Odessa-Dantzick.

Vu la guerre russo-turque et les troubles politiques, les
Américains croient que la récolte de 1879 sera inférieure à la
moyenne..., et s'en réjouissent.

7° *Espagne.* — Récolte moyenne, 115,000,000 de boisseaux
de blés ; 1878, 110,000,000 de boisseaux.

Cette année, vu le manque de blé, les droits d'entrée qui frap-
paient les blés étrangers ont été abolis temporairement. Au sujet
de l'Espagne, c'est en novembre 1878 qu'est arrivée, à Barcelone,
la première cargaison de blé américain (il y a seulement 30 ans,
les États-Unis recevaient du blé de la mer Noire). Il y avait alors
dans le même port quinze navires chargés de blé de la mer Noire
et de Hongrie.

On compara immédiatement, à la Bourse, les blés européens
et américains. Ces derniers furent déclarés de même qualité que
les autres, et vendus à d.3.70 les 120 livres. Ce premier charge-
ment fut suivi tout de suite de vingt-cinq autres, portés par des
steamers anglais !

8° *Egypte.* — La production moyenne y est de 8,000,000 de
boisseaux, dont les cinq huitièmes sont exportés en Angleterre.
Cette année, la récolte est presque nulle, et du 1er janvier au
1er juin 1879, l'Egypte n'a importé en Angleterre que 502,242
boisseaux.

En résumé, d'après ces chiffres, presque tous les États de l'Europe auront à acheter du blé.

États-Unis. — La production du blé y a constamment pro-
gressé :

1870	boisseaux.	235.884.700
1871		240.722.400
1872		249.997.100
1873		281.254.700
1874		308.102.700
1875		292.136.000
1876		289.356.500
1877		364.194.146
1878		421.000.000

Pour 1879, les uns estiment la récolte à 360,000,000 de boisseaux, les autres à 444,000,0000. Je pense qu'en prenant 400,000,000, on arrive près de la vérité.

On estime de plus que les importations de blé en Europe varieront de 225 à 275,000,000 de boisseaux. C'est là, pour les Américains une perspective de commerce fort rémunérateur.

Importation de grains. en Europe.

Du 27 juillet 1878 au 24 juin 1879, l'Europe a reçu 151,336,058 boisseaux de blé et de maïs, dont l'Angleterre a pris 38,687,345 boisseaux de blé, et 52,777,578 boisseaux de maïs, et le continent 51,821,138 boisseaux de blé et 8,750,107 boisseaux de maïs. Sur ces 51,821,138 boisseaux, la France seule en a pris 36,750,000 boisseaux.

En 1878, l'Angleterre a pris 42 0/0 du total des blés d'Amérique exportés, et 86 0/0 du total de maïs exporté, c'est-à-dire 60 0/0 du total des deux céréales.

D'autres renseignements, pris en Californie, donnent les résultats suivants :

Du 1er janvier au 1er juin 1879, l'Angleterre a reçu 24,000,000 de boisseaux de blé, dont 8,400,000, plus d'un tiers, provenant de la Californie et des ports du Pacifique. Cela tient à la qualité du blé de Californie, qui est supérieur à celui récolté sur les terres des États de la côte de l'Atlantique.

Culture des céréales au Kansas.

Au sujet des récoltes américaines, j'ai trouvé, à New-York, de nouveaux renseignements sur l'État du « Kansas », qui, comparé avec les chiffres du rapport n° 6, montrent avec quelle rapidité s'y développent l'agriculture et l'élevage des bestiaux.

Voici un tableau comparatif des années 1878 et 1879 :

	1878	1879	ACCROISSEMENT POUR 1879
Acres de terre cultivées :			
En maïs	2.405.482	2.991.437	24 0/0
— blés d'hiver	1.297.555	1.531.569	18 0/0
— blés de printemps	433.291	411.225	— 5 0/0
— avoines	441.151	573.222	29 0/0
— orges	56.255	46.195	— 18 0/0
— pommes de terre	51.239	62.030	21 0/0
— sorghum	20.291	23.286	15 0/0
— fèves de ricin	35.928	67.293	117 0/0
— chanvre	37.001	68.278	84 0/0
— millet et blé hongrois	114.081	177.598	26 0/0

Les statisques de l'année 1879 donnent les nombres suivants pour les animaux élevés dans le Kansas :

Chevaux	325.185
Mules	52.704
Vaches laitières	332.075
Bêtes à cornes	658.973
Moutons	316.905
Porcs	1.271.169

Le maïs avait donné, en 1878, 89,327,921 boisseaux ; on en aura au moins, pour 1879, 125,000,000 de boisseaux. Accroissement de 40 0/0.

Le blé avait produit l'année dernière 32,315,361 boisseaux. Cette année, il y a perte, la moisson ne dépassant pas 20,000,000 de boisseaux. Les avoines donnent 30 0/0 de plus qu'en 1878.

L'accroissement rapide de la production des bestiaux est tel que l'on s'attend à voir l'État du Kansas abandonner, ou du moins reléguer au second rang, la culture des blés. L'immense récolte de maïs de cette année est cause que les fermiers demandent partout de jeunes bœufs et porcs pour les engraisser, afin, disent-ils, de convertir leur maïs „ *into pork and beef* ". Le Texas doit donc s'attendre à une grande vente d'animaux de un à deux ans.

En résumé, le „ Kansas " va devenir un des plus fertiles et plus riches États de l'Amérique, et cela, grâce à l'immigration qui va toujours en augmentant.

II. — Exportation des bestiaux

Les Américains estiment que sur 33 millions d'habitants, l'Angleterre n'en peut nourrir que 18 millions. Elle possède actuellement :

9.000.000	de bêtes à cornes,
32.000.000	de moutons,
7.500.000	porcs.

Ce qui ne donnerait à chaque habitant qu'environ le quart d'un bœuf, le quart d'un porc et un mouton.

La France, qui a fourni beaucoup d'animaux aux Anglais, peut à peine suffire à sa consommation, puisque déjà, en 1875, elle importait 1,428,537 têtes de bétail, et n'en exportait que 190,519 têtes.

En prenant toujours les chiffres américains, la France possède :

12.000.000 de bêtes à cornes,
26.000.000 de moutons,
5.800.000 porcs,
1.800.000 chèvres.

Comme l'Angleterre, la France aura forcément à acheter des animaux étrangers, d'autant plus que la consommation de viande y augmente toujours.

Le Danemark envoie quelques bestiaux en Angleterre. L'Allemagne est actuellement le seul pays qui puisse exporter beaucoup d'animaux. L'Autriche et l'Italie suffisent simplement à la consommation de leurs habitants. L'Espagne et le Portugal pourraient exporter leurs produits, mais les capitaux manquent pour monter ces affaires.

D'après ce rapide aperçu, il n'y a pas à s'étonner de l'extension rapide donnée à l'exportation des bestiaux américains pour l'Europe, et surtout l'Angleterre. Ce commerce fut inauguré, en octobre 1875, par l'envoi de 25,000 livres de viande fraîche dans des réfrigérateurs.

En 1878, New-York a reçu de l'intérieur :

543.587 bêtes à cornes,
1.349.622 moutons,
1.794.539 porcs,
133.634 veaux.
_____
3.821.382 têtes.

Transport des bestiaux à travers l'Atlantique.

Dans les rapports précédents, j'ai donné des chiffres analogues pour les principaux centres des États-Unis.

Les bestiaux d'exportation sont embarqués dans les quatre grands ports de l'Atlantique, mais surtout à New-York ; de nombreux paquebots les prennent sur pied, et les transportent à Liverpool et dans différents ports anglais.

Ainsi, pour citer des départs récents, le 9 août 1879, sept transatlantiques ont quitté New-York, emportant :

Le *City-of-London*. pour Londres	500 bœufs.
Le *Henri-Edge* .... — Anvers	354 bœufs et 415 moutons.
Le *Celtic* .... — Liverpool...	100 tonnes de viande fraîche.
Le *Vindolance* ..... — Anvers	150 bœufs.

L'*Italy*.............. pour Liverpool.... 230 bœufs, 250 moutons et 590 quartiers de bœufs.

L'*Alsatia*.......... — Londres..... 173 bœufs, 600 quartiers de bœufs et 175 moutons tués.

Enfin, l'*Ethiopia*... — Glasgow.... 150 taureaux, 800 quartiers de bœufs et 200 moutons tués.

Mauvaises conditions actuelles

Ces transports de bestiaux à travers l'Atlantique se font dans d'assez mauvaises conditions, ainsi que le montre le „ *Report of the Veterinary Departement of the Privy Council* ".

En 1878, le Canada a envoyé aux ports de Glasgow, Liverpool, Londres et Sunderland, 106 cargaisons, comprenant :

        17.989 bœufs et vaches,
        40.132 moutons,
        1.614 porcs.

        ───────
        59.735 animaux.

Pendant les traversées :

On jeta par-dessus bord	551 bœufs,
—	2.000 moutons,
—	418 porcs ;
On débarqua morts.................	43 bœufs,
—	172 moutons,
—	17 porcs;
Enfin, on dut abattre.................	24 bœufs blessés,
—	68 moutons — ,
—	10 porcs. —

        Total................ 3.304 animaux perdus.

Les États-Unis expédièrent aux ports de Cardiff, Bristol, Glasgow, Grimby, Hartlepool, Liverpool, Londres, Southampton et Sunderland, 381 cargaisons, comprenant :

        68.450 bœufs,
        43.940 moutons,
        16.321 porcs.

        ───────
        128.711 animaux.

On jeta par-dessus bord	2.034 bœufs,
—	3.266 moutons,
—	2.398 porcs ;
On débarqua morts	271 bœufs,
—	313 moutons,
—	394 porcs ;
On dut abattre...................	132 bœufs blessés,
—	192 moutons — ,
—	285 porcs — .

        Total........... 9.255 animaux perdus.

En tout, 12,589 bêtes perdues, pendant un an, sur 188,446 transportées !

Malgré ces pertes énormes, les expéditeurs ont réalisé des bénéfices.

Je pense que l'on diminuerait presque entièrement les pertes d'animaux avec des installations mieux appropriées au but à atteindre, et des navires spécialement distribués. Ne pourrait-on aussi éviter les rudes traversées de l'Atlantique, de New-York en Europe, en envoyant les steamers prendre les bestiaux à la Nouvelle-Orléans, par exemple ? Outre les avantages d'un traversée, un peu plus longue, c'est vrai, mais plus calme, on aurait dans ce port toutes les facilités pour y amener les bestiaux de l'Ouest.

Avantages de l'exportation des bestiaux par les ports du Sud, la Nouvelle-Orléans, par exemple.

De n'importe quel État agricole de l'Ouest on pourrait, en effet, embarquer les animaux sur des « barges », où ils seraient à l'aise, ne fatigueraient pas, et boiraient toujours la même eau (ce dernier point est important). Les barges seraient remorquées sur le Mississipi et ses affluents. Le prix maximum de transport serait ainsi de d. 5 par tête.

Actuellement, les bestiaux envoyés de l'Ouest à New-York sont mis en wagon ; entassés les uns sur les autres, ils y souffrent des chaleurs, de la fatigue ; il faut beaucoup de précautions pour ne pas les amaigrir ; on doit les faire descendre deux ou trois fois du train pendant le trajet, les faire reposer et boire, etc. Enfin, le prix de transport est d'environ d. 8 à 10 par tête.

Toutes ces considérations réunies me font croire que la Nouvelle-Orléans deviendra un point important d'expédition d'animaux.

Exportation des chevaux américains.

On a entrepris aussi l'exportation des chevaux, et je pourrais citer plusieurs personnes s'en occupant activement à New-York, et réalisant de fort beaux bénéfices. Le point intéressant à considérer est la fourniture des chevaux nécessaires à la remonte de notre cavalerie. Ainsi que j'ai pu m'en rendre compte au marché aux chevaux, les chevaux américains coûtent peu : 500 fr. et 2,000 fr. sont les prix limites pour chevaux de selle et de voi-

ture ordinaires, excepté pour les trotteurs, qui se payent fort
cher, suivant la rapidité avec laquelle ils parcourent 1 mille.
(J'ai vu, à Chicago, un trotteur, appelé „ Sleepy Tom ", faire
son mille, attelé, en 2 minutes 12 secondes !)

Les chevaux pour la cavalerie, les „ troupiers " se payent
entre d. 100 et d. 120, et sont de bonne qualité.

*Remonte
de la cavalerie
en France.*

Le prix de transport de New-York au Havre peut être coté
d. 35 à d. 40. Les droits d'entrée en France sont de 30 fr., soit
d. 6. Il a, de plus, les frais d'assurances, les dépenses d'un ou
plusieurs hommes accompagnant les animaux ; toutes dépenses
réunies, il faut compter de d. 45 à d. 50 par cheval embarqué à
New-York et débarqué au Havre.

Quant à la vente des chevaux en France, je ne puis mieux citer que la dépêche suivante :

Les Chevaux américains dans la Cavalerie française

(Par câble au *New-York Herald*)

Paris, 21 juillet 1879.

« 32 chevaux américains, destinés à la cavalerie française, sont
» arrivés au Havre, dimanche. Ils ont été inspectés par les offi-
» ciers français désignés pour cet examen, et tous acceptés à des
» prix variant de 1,100 à 1,350 fr.

» Ces chevaux étaient en magnifique état, malgré la traversée.
» Aucun accident à signaler pendant le voyage.

» Le succès de cet essai est donc complet, et aussitôt que les
» prix de transport de New-York sur le Havre seront aussi fai-
» bles que ceux demandés entre New-York et Liverpool, de
» grandes exportations de chevaux américains pourront être en-
» treprises. L'envoi de ces 32 chevaux a été fait de Richmond
» (Indiana), d'après les patriotiques conseils de M. le consul Eri-
» dyland. Voilà encore un nouvel élément d'exportation pour les
» Etats-Unis. »

Toutes ces exportations d'animaux sont facilitées, maintenant que les Compagnies d'assurances assurent couramment contre les risques de la traversée.

Activité commerciale des Américains. Je me suis efforcé de montrer dans mes rapports les principales lignes du commerce toujours grandissant des États-Unis ; mais il faut être allé à New-York pour se rendre compte de l'activité véritablement étonnante déployée par les Américains dans les affaires. Encouragés par le succès, par les productions magnifiques de leur sol, par les conditions défavorables dans lesquelles se trouvent les États européens, ils se lancent en avant, brassent affaires sur affaires, et spéculent hardiment. Il y a en ce moment-ci, aux États-Unis, une véritable fièvre : on spécule avec fureur sur les grains, les cotons, sur tous les produits du sol, en un mot. A New-York, l'on trouve des négociants, puissamment riches, qui achètent d'un coup les récoltes de blé sur pied dans plusieurs États à la fois ! On spécule sur les valeurs des Compagnies de chemin de fer, qui rivalisent entre elles d'activité et de bon marché pour attirer sur leurs rails passagers et marchandises. A New-York, réside le roi des chemins de fer, Mr W. H. Vanderbilt, qui contrôle plus de 3,000 milles de voies ferrées, a plus de 26,000 employés sous ses ordres, et leur paye par mois environ d. 1,700,000 !

On spécule sur tout, et le pivot de toutes les opérations commerciales est le dieu Dollar !

Quel merveilleux outillage possèdent d'ailleurs les Américains pour faire leurs affaires : les chemins de fer ont à lutter contre les steamboats, qui sillonnent fleuves et rivières; dans les centres, à New-York, les distances sont diminuées, grâce à des chemins de fer aériens traversant la ville d'un bout à l'autre ; dans les bureaux, dans les hôtels, dans les maisons même, sont installés les appareils télégraphiques, le téléphone !

Le téléphone. Nous connaissons à peine, à Paris, le téléphone, qui, en Amérique, fonctionne depuis deux ans au moins, et facilite les communications. Moyennant un abonnement d'environ 500 fr., une Compagnie pose un appareil dans votre bureau, et se charge de son entretien : un petit livre, sans cesse renouvelé, donne la liste des abonnés, liste longue, car tout commerçant, un peu occupé d'affaires, ne peut se passer de son téléphone. Voulez-vous causer avec un négociant, vous prévenez un bureau central, où viennent se concentrer tous les fils électriques, et vous indiquez la personne avec qui vous avez à faire ; une minute se passe, le timbre de l'appareil résonne, et vous pouvez parler avec l'individu qui vous intéresse, sans vous être dérangé, sans dépenses d'argent ni perte de temps, et sans que personne puisse entendre les réponses qui vous sont faites.

On ne s'imagine pas ce que le téléphone facilite et accélère les affaires de chaque jour, et il est grand temps que nous l'adoptions en France et le mettions en usage courant.

MOUVEMENT MARITIME DU PORT DE NEW-YORK

Le port de New-York est le premier du monde au point de vue du mouvement d'entrée et de sortie des navires. Ainsi, pendant le mois d'août, il est arrivé :

Mouvement maritime port de New-York.

	DE PAYS ÉTRANGERS		DES CÔTES	
	Août 1879	Août 1878	Août 1879	Août 1878
Steamers.....................	159	120	114	94
Trois-mâts.................	356	442	13	8
Bricks.....................	»	88	17	10
Schooners et goëlettes.......	137	105	1.229	1.065
TOTAUX	652	755	1.373	1.177

TOTAUX.....	Août 1879.....................	2.025 navires.
	Août 1878.....................	1.932 navires.

En ce moment, les Américains s'occupent beaucoup de plusieurs questions importantes : l'adoption du « Cental System » (le cental vaut 100 livres), qui est demandé par toutes les chambres de commerce des États-Unis, et sera mis en vigueur probablement au 1er janvier 1880; le percement de l'isthme de Panama; la construction d'un canal à travers la Floride; enfin, ils projettent une Exposition, qui aura lieu à New-York en 1883.

Un dernier mot : les spéculations ont jusqu'à présent à peu près épargné les terres; mais l'on peut prévoir le moment où des capitaux puissants vont être organisés dans le but de créer de vastes établissements agricoles. L'on ne verra plus seulement le petit fermier, ancien émigrant, possesseur de quelques centaines d'acres achetés et défrichés peu à peu, mais encore les grands propriétaires, avec plusieurs millions d'acres, faisant la culture et l'élevage des bestiaux sur une grande échelle. Dès lors, les États-Unis produiront dix fois, cent fois, ce qu'ils produisent aujourd'hui. et inonderont nos marchés européens de leurs produits vendus à si bas prix que la concurrence sera impossible.

Une charge d'un journal américain, le *Daily Graphic*, exprime bien, quoique sous une forme frivole, la situation que je viens d'expliquer : des personnages représentant l'Angleterre (John Bull), la France (un officier), l'Allemagne (l'empereur Guillaume), l'Italie, etc., etc., sont assis à une immense table, chargée de mets tous américains; un long et maigre Jonathan, au chapeau haute-forme à longs poils, recouvert du drapeau étoilé, est occupé à servir tous les affamés : à John Bull, qui paraît le plus vorace de tous, et tient une immense fourchette dans sa main crispée, il coupe une tranche de pain *américain* ; devant l'officier sont des bouteilles de vins *américains*, et même de champagne américain (!); l'empereur Guillaume boit de la bière américaine... Enfin, Jonathan a, à ses pieds, des viandes américaines, du lard américain, des fromages et beurres américains... tout est américain !...

L'Angleterre est certainement aujourd'hui le pays le plus attaqué par le commerce des Etats-Unis; la rapide augmentation des exportations des États-Unis, la diminution des importations anglaises en Amérique, font que „ John Bull " tombe de plus en plus sous la dépendance de „ Jonathan ". Le Bureau des statistiques, de Washington, vient de publier que, pendant l'année commerciale 30 juin 1878-1879, les exportations américaines pour l'Angleterre se sont élevées à d. 363,013,646, tandis que les importations anglaises n'ont été que de d. 111,971,766. La différence en faveur des exportations est donc de d. 251,041,880.

Pour l'article seul du bétail importé en Angleterre, la valeur totale de ces bestiaux, qui, en 1875, n'était que de d. 60,000, atteint, en 1878, d. 6,000,000.

La France est aussi attaquée, par suite du mauvais état des récoltes; les objets alimentaires importés en France pendant les neuf premiers mois de 1879, se sont payés 1,307,169,000 fr. (990,766,000 fr. en 1878). Mais la France a, à ses portes, les moyens d'éviter ce qui va accabler l'Angleterre. Les Américains suivent attentivement les efforts que, malheureusement un peu tard, nous faisons dans notre magnifique colonie l'Algérie. Ils savent que nous y avons des terres fertiles qui produiront toutes les céréales dont nous avons besoin, que la vigne y est dans d'excellentes conditions, et que l'élevage des bestiaux s'y fait assez facilement.

Aujourd'hui, des hommes actifs, soutenus par les capitaux français, doivent se porter en Algérie pour y cultiver les terres, pour y créer les moyens de communication et de transport à bon marché par voies ferrées, pour y établir des ports, des entrepôts; il faut achever rapidement ce qui est à peine entrepris, et se rappeler que nous n'avons qu'un moyen de lutter contre la production américaine : c'est de faire de l'Algérie le grenier de la France.

NOTE

Conversion des Mesures anglo-américaines en Mesures françaises

---

I — LONGUEURS

AMÉRIQUE		FRANCE
Pouce (inch)...............	1/36 yard.	2,5299 centimètres.
Pied (foot).................	1/3 —	3,0479 décimètres.
Yard.......................	3 pieds.	0,9144 mètre.
Pole ou perch..............	51/3 yards.	5,0291 —
Mille (mile)...............	1760 —	1609,3149 —

Le millimètre vaut donc........	0,0393 pouces.
Le centimètre —	0,3937 —
Le décimètre —	3,9370 —
Le mètre —	39,3709 —
ou........	3,2808 pieds.
Le kilomètre vaut donc........	39371 pouces
ou........	3280,89 pieds.

II — SURFACES

AMÉRIQUE	FRANCE
Pouce carré (square inch).................	0,0006 mètre carré.
Pied —	0,00929 —
Yard —	0,8361 —
Acre.................. 4840 yards carrés.	10,4046 hectare.
Mille carré....................	2,5899 kilomètres carrés.

Le mètre carré vaut donc.......	1,19603 yards carrés
et l'hectare —	2,471148 acres carrés.

III — CAPACITÉS

	AMÉRIQUE	FRANCE	
Pint	1/8 gallon	0,567932 litres	
Quart	1/4 —	1,135864 —	
Gallon	4,45345 —		
		3,785 —	p. les vins
Bushel (boisseau)	8 —	36,3476 —	
Baril (p. les liquides)	31 1/2 —	120 —	

Le litre vaut donc	1,761	pint
ou	0,2201	gallons
Le décalitre vaut donc	2,2009668	—
L'hectolitre —	22,009668	—

IV — POIDS

	AMÉRIQUE	FRANCE	
Grain	» livres	0,065 grammes	
Once	» —	31,091 —	
Livre	» —	453,5926 —	
Quintal	112 —	50,802 kilogram.	
Tonne	2.240 —	1.016,04 —	

Le gramme vaut donc	0,0026803 livres	
Le kilogramme vaut donc	2,6803 livres	

POIDS DES GRAINS AU BUSHEL

Le bushel de blé pèse	de 60 à 65 livres	
— maïs pèse	56 —	
— seigle pèse	56 —	
— pois pèse	60 —	
— orge pèse	48 —	
— avoine pèse	34 —	

Commercialement, la livre américaine équivaut à	453 gr.	
Et la tonne à	1.015 kil.	

V — VOLUMES

Pouce cube	16,381 centimètres cubes	
Corde	Hauteur	4 pieds
	Largeur	4 —
	Longueur	8 —

VI — MONNAIES

Dollar papier, argent ou or	Fr. 5 18 à 5 25

Signe : d.

La valeur du dollar varie chaque jour
(*Voir les cours de la place de New-York*)

Cent le centième du dollar	Fr. 0,0518 à 0 0525

MESURES MARINES

Le mille marin de 60 au degré....................... 1.852 mètres.
Le nœud.. 1.852 —

Conversion des Echelles thermométriques Centigrade, Réaumur et Fahrenheit

On opère facilement au moyen des six formules suivantes, où la lettre C indique la température en degrés de l'échelle Centigrade, la lettre R en degrés Réaumur, enfin la lettre F en degrés Fahrenheit.

$$C = \frac{5}{4}R \qquad\qquad R = \frac{4}{5}C$$

$$C = \frac{5}{9}(F - 32) \qquad\qquad F = (C + 32)\frac{9}{5}$$

$$R = \frac{4}{9}(F - 32) \qquad\qquad F = (R + 32)\frac{9}{4}$$

TABLE

Paris. — Imprimerie J. CUSSET et Cᵉ, 123, rue Montmartre.

www.ingramcontent.com/pod-product-compliance
Lightning Source LLC
Chambersburg PA
CBHW071451200326
41519CB00019B/5703